LES

IDÉES NAPOLÉONIENNES

EN ALGÉRIE

LES

IDÉES NAPOLÉONIENNES

EN ALGÉRIE

Paris. — Typ. L. Guérin, rue du Petit-Carreau, 26.

LES

IDÉES NAPOLÉONIENNES

EN ALGÉRIE

PAR EUG. FOURMESTRAUX

« Je pars avec une confiance entière
« dans l'avenir de l'Algérie et avec une
« foi profonde dans sa prospérité fu-
« ture. »|

NAPOLÉON III.

— ⁓ ⁓ —

PARIS

CHALLAMEL AINÉ, LIBRAIRE-ÉDITEUR

COMMISSIONNAIRE POUR L'ALGÉRIE ET L'ÉTRANGER

30, rue des Boulangers, 30

Janvier 1866

1866

IDÉES NAPOLÉONIENNES

EN ALGÉRIE

———◁•◦•▷———

I

Au milieu de ses préoccupations de chaque jour, l'Empereur Napoléon III ne cesse de porter ses regards vers l'Algérie.

Dès 1852, il faisait connaître ses intentions au sujet de l'avenir de cette colonie, et il rassurait nos courageux colons par les paroles suivantes, qu'il adressait à la Chambre de commerce de Bordeaux :

« Nous avons en face de Marseille un vaste royaume
» à assimiler à la France. »

Le pays tout entier s'associa à ce vœu, spontanément émis par le Prince qui allait présider pendant
longtemps et avec tant de bonheur à ses destinées.

Depuis cette époque, en effet, l'Empereur a accordé
à l'Algérie la plus vive, la plus constante sollicitude.

Il a voulu, d'abord, que tous les ports du littoral,
depuis La Calle jusqu'à Nemours, fussent accessibles
à la colonisation aussi bien qu'aux navires du commerce, et c'est dans ce but que, vers les premiers
jours de mai 1851, il ordonna au général Saint-Arnaud
de débloquer Collo, Djidjelli et Bougie.

Après quatre-vingts jours de marche et vingt-six
combats livrés en moins de deux mois, le futur vainqueur de l'Alma avait accompli sa mission et réalisé
les intentions du futur Empereur des Français.

Ce résultat obtenu, il fallait marcher progressivement vers cette assimilation indiquée par l'Empereur,
désirée par tous les hommes sérieux, mais bien éloi-
gnée encore, car les entraves et le mauvais vouloir
existent toujours là où l'on ne devrait trouver que
dévouement et concours empressé.

Parmi tant de décrets rendus par l'Empereur pour

atteindre ce but, nous ne citerons que les principaux.

L'un des plus importants parmi ces décrets, croyons-nous, parce qu'il devait faire cesser l'état de gêne et de malaise qui pesait depuis si longtemps sur la propriété, porte la date du 21 février 1850.

Il avait pour objet de réduire de moitié toutes les rentes constituées en Algérie au profit du domaine, pour prix de ventes ou de concessions d'immeubles. Tout débiteur d'une rente envers le domaine fut admis à se libérer de sa dette par le remboursement du capital en huit ans, par annuités égales et sans intérêts.

La propriété, ainsi dégrevée, devint l'objet de transactions plus fréquentes, la colonisation fut moins languissante, le commerce et les affaires reprirent un peu plus d'activité.

Mais analysons dans leur ordre chronologique ceux des principaux décrets que nous allons énumérer.

C'est d'abord l'institution du *Comité consultatif de l'Algérie* qui fut décrétée le 2 avril 1850. Les attributions de ce comité consistaient à examiner et à donner un avis sur toutes les affaires de l'Algérie : administration, colonisation, concessions, commerce, industrie, navigation, etc.

Le 5 juillet suivant, le bénéfice de la loi sur les brevets d'invention est accordé à l'Algérie. A la suite de la promulgation de cette loi, de nombreuses demandes de brevets ayant trait à l'emploi ou à la transformation des produits du sol, furent adressées au ministre du commerce.

Le 14 du même mois, le gouverneur général est autorisé à établir des écoles *arabes-françaises* dans les principales villes, et ensuite dans les autres centres où l'utilité publique en sera reconnue. Cette mesure, si efficace pour propager la langue française parmi les indigènes, fut complétée par la création d'écoles d'adultes dans les trois chefs-lieux de préfecture, où furent ouverts gratuitement, sous la direction des professeurs aux chaires d'arabe, des cours de langue française, de calcul, d'histoire et de géographie.

Le 6 octobre, c'est l'organisation des Chambres consultatives d'agriculture qui est décrétée. Ces établissements, reconnus si nécessaires en France, l'étaient à plus forte raison en Algérie, sur ce sol si riche, si varié, où l'intérêt agricole domine de si haut tous les autres, où il se lie si intimement au peuplement du pays, à sa prospérité et à son existence même.

Le 11 janvier 1851, l'Algérie, que nous possédions depuis vingt ans, fut enfin dotée d'un régime commercial qui permit à ses produits d'être admis en franchise dans la métropole, et qui exempta de tout droit de sortie les marchandises exportées de France en Algérie ou d'Algérie en France. Mais si ce régime fut accepté alors comme un bienfait, il est malheureusement insuffisant aujourd'hui. La liberté des échanges devrait être complète et sans aucune restriction entre la France et l'Algérie, afin d'encourager dans ce pays l'installation de fabriques, de manufactures et de tous établissements propres à y attirer des populations laborieuses.

Le 17 mars suivant, la loi relative aux contrats d'apprentissage est promulguée dans nos possessions africaines.

Le 4 août, une banque d'escompte, de circulation et de dépôt est établie à Alger sous la dénomination *de Banque de l'Algérie.* Son capital est fixé d'abord à trois millions de francs, avec autorisation d'émettre des billets au porteur de mille, cinq cents, cent et cinquante francs. Depuis, et conformément à ses statuts, la banque de l'Algérie a établi des succursales à Oran et à Constantine. Le premier directeur de la

Banque de l'Algérie, M. Lichtlin, comprit tout de suite les services qu'elle était appelée à rendre dans les transactions commerciales de la colonie; aussi, après s'être bien pénétré de l'esprit de ses statuts, les appliqua-t-il dans le sens le plus large.

Le 26 décembre, la vérification des poids et mesures est introduite en Algérie.

Le 16 avril 1852, une Bourse de commerce est instituée à Alger. Cette création avait un caractère réel d'utilité dans une ville où se trouvent des négociants de toutes les nations privés d'un centre de réunion, et sans lieu commun jusqu'alors. Dès cette époque, il a été permis de constater d'une manière authentique les opérations du commerce ainsi que le prix des denrées et marchandises.

Le 19 août, une commission spéciale est chargée d'examiner et de proposer les modifications à introduire dans le décret du 28 février précédent, sur le Crédit foncier, pour le rendre applicable à l'Algérie.

Le 8 septembre, un mont-de-piété est créé à Alger, afin de venir en aide aux familles nécessiteuses et de faire cesser des abus de tous genres et les exactions scandaleuses dont le prêt sur gage était la source dans ce pays. Certes, le taux de l'intérêt prélevé par les monts-de-piété est fort élevé, mais il fut considéré alors comme modéré, et même comme un bienfait en Algérie, où les prêts sur gages s'élevaient jusqu'à soixante, quatre-vingts et même cent pour cent (1).

Le 22 du même mois, une caisse d'épargne et de prévoyance est établie à Alger, à l'effet d'inspirer aux classes laborieuses des habitudes d'ordre et d'économie.

Le 13 décembre, l'autorisation de créer des Sociétés de secours mutuels dans toutes les communes de l'Algérie est accordée. Depuis que ces institutions bienfaisantes et moralisatrices fonctionnent dans notre seconde France, elles y ont produit, comme dans la métropole, les résultats les plus heureux et les plus féconds.

Le 19 du même mois, deux prix de cinq mille francs chacun sont institués en faveur de l'auteur ou des auteurs des deux meilleurs dictionnaires *français-*

---

(1) *La Lettre de l'Empereur au maréchal de Mac-Mahon*, page 29, cite un fait où des Arabes de l'aghalick de Mostaganem payèrent pendant un an, pour un emprunt de grains, jusqu'à *six cents pour cent* d'intérêts.

arabe et *arabe-français*, qui n'existaient pas alors. Cette lacune regrettable mettait un obstacle à la propagation de la langue arabe parmi nous et de la langue française parmi les indigènes.

Le 2 mars 1853, le décret du 5 novembre 1852, relatif à la fabrication des mesures de capacité destinées au mesurage des matières sèches ou des liquides, est rendu applicable et exécutoire en Algérie.

Le 22 avril, les Chambres consultatives d'agriculture, dont la création remontait au 6 octobre 1850, sont définitivement organisées par un nouveau décret.

Les 23 juin et 11 juillet, la boulangerie et la boucherie ont été déclarées libres en Algérie, afin d'y procurer aux populations le pain à bon marché et la viande au plus bas prix possible. Le principe de la libre concurrence ayant été admis, les boulangers ont pu se livrer au commerce des grains et farines ainsi qu'au colportage du pain.

Le 16 octobre, l'Empereur institue des prix à prendre, tant sur les fonds de l'État que sur ceux de la liste civile, pour être distribués en encouragements aux colons qui s'adonnent à la culture du coton. Il était en effet d'une haute importance pour la France d'encourager la culture du coton en Algérie, ainsi que l'ont prouvé les récentes guerres d'Amérique.

Au moyen d'un fonds de cent mille francs que l'Empereur affecta à ces encouragements, un prix de vingt mille francs, dit *prix de l'Empereur*, fut décerné pendant cinq ans au planteur qui présenta les meilleures produits en coton. Depuis lors, cette culture se fait sur une large échelle et elle prend chaque année un plus grand développement.

Le 7 janvier 1854, un décret autorise la mise à la disposition du public des lignes du télégraphe électrique.

Le 2 avril, le mode à suivre pour le partage des biens indivis entre le domaine et les particuliers est déterminé dans un sens favorable à ces derniers.

Le 12 août, les règlements sur le régime sanitaire en France sont rendus applicables à l'Algérie.

Le 21 mars 1855, le service télégraphique est définitivement organisé dans nos possessions.

Le 4 juillet suivant, la loi sur la transcription hypothécaire y est également promulguée.

Le 19 janvier 1856, les dispositions de la loi de finances du 10 juin 1853, relatives à l'impôt des patentes, sont déclarées applicables à l'Algérie.

Le 22 mars, une Chambre de commerce est créée à Constantine.

Le 7 septembre, le service du cabotage des navires étrangers naviguant sous pavillon français dans les eaux du littoral algérien est réglementé sur les bases les plus favorables au commerce.

Le 30 décembre, l'Empereur étend à l'Algérie le bénéfice de la décentralisation administrative, de cette importante mesure qui, en France, donna une véritable satisfaction à l'opinion publique, en même temps qu'elle fut un bienfait réel pour les administrés. Le décret qui applique cette disposition libérale à l'Algérie est précédé d'un remarquable rapport par lequel M. le maréchal Vaillant, alors ministre de la guerre, fit observer avec une haute raison que « au- » tant il importe de centraliser l'action gouvernemen- » tale de l'État, autant il est nécessaire de décentra- » liser l'action purement administrative. »

Nos colons accueillirent avec bonheur ce décret qui devait abréger les formes administratives, simplifier les formalités, hâter la solution des questions locales, et leur permettre de mettre à profit le temps qui, en toute chose, est la première condition de succès, surtout en Algérie où le mouvement croissant des affaires multiplie chaque jour les rapports de la population avec l'administration. Celle-ci, il faut malheureusement le reconnaître, ne reçut pas avec la même faveur cette mesure libérale qui devait lui faire abandonner ses anciens errements et lui retirer une partie de son action directe sur les communes, cependant peu nombreuses encore à cette époque.

Le 14 mars 1857, un collége impérial *arabe-français* est créé à Alger sur le rapport de M. le maréchal Vaillant, ministre de la guerre et membre de l'Institut. Par un décret du 14 juillet 1850, comme nous l'avons vu, l'Empereur avait déjà autorisé l'instruction primaire indigène en constituant dans les principales villes de l'Algérie des écoles musulmanes où l'on enseignait simultanément le français et l'arabe. Un autre décret du 30 septembre suivant réglementa l'enseignement arabe supérieur, afin que l'enseignement primaire eût lieu par les maîtres français dans les principales villes de l'Algérie, et l'enseignement supérieur arabe (lettres, législation, instruction religieuse, etc.), par des professeurs indigènes nommés et surveillés par l'autorité française.

La création d'un collége arabe-français fut considérée comme l'un des moyens les plus propres à assurer notre influence sur la race arabe et à la diriger dans la voie qui convient à nos intérêts. En effet, l'instruction, en développant l'intelligence, tend essentiellement à abaisser les barrières élevées entre deux peuples par la différence des mœurs et des croyances.

Le 8 avril 1857, l'Empereur autorise la création en Algérie d'un réseau de chemins de fer embrassant les trois provinces. Ce réseau doit se composer d'une ligne principale parallèle à la mer en suivant, à l'est, le parcours entre Alger et Constantine et passant par Aumale et Sétif; à l'ouest, le parcours entre Alger et Oran et passant par Blidah, Amourah, Orléansville, Saint-Denis-du-Sig et Sainte-Barbe. D'autres lignes doivent partir des principaux ports et aboutir à la ligne parallèle à la mer : 1° Entre Alger, Blidah et Amourah ; 2° entre Constantine et Philippeville, transit commercial le plus fréquenté aujourd'hui; 3° entre Oran et Saint-Denis-du-Sig, section qui doit servir à l'écoulement des riches produits des plaines du Sig, du Tlélat et d'Eghriss.

La ligne d'Alger à Blidah fut inaugurée le 15 août 1862 par le duc de Malakoff, et depuis cette époque elle est en exploitation.

En soumettant à la signature de l'Empereur ce décret si conforme aux intentions de Sa Majesté, M. le maréchal Vaillant fit ressortir les avantages qui devaient en résulter pour les intérêts agricoles dont les chemins de fer sont appelés à hâter le développement. Ces nouvelles voies de communication doivent, en effet, être considérées comme un des plus puissants éléments de la prospérité future de nos riches possessions, où elles porteront incontestablement, dans un temps peu éloigné, la vie et la richesse par le commode et rapide transport des produits du sol et de l'industrie. Enfin, les contrées du Sud pourront aussi être mises en rapport avec l'artère principale au moyen des routes de terre actuellement existantes ou en cours d'exécution.

Le 5 décembre, l'institution à Alger d'un bureau de bienfaisance musulman est autorisé.

Le 27 janvier 1858, la loi du 17 juillet 1856, sur les Sociétés en commandite par actions, est rendue exécutoire en Algérie, afin de donner aux entreprises du commerce et de l'industrie le caractère sérieux et moral que réclamaient les intérêts généraux de la colonisation.

Le 11 juin, un décret impérial détermine les formes

à suivre lorsqu'il y aura lieu de procéder à des expropriations d'urgence, pour cause d'utilité publique. Cette mesure fut prise en vue de soustraire les propriétaires aux arrêtés rigoureux, souvent rendus sans enquêtes préalables, et pour sauver de la ruine les expropriés en leur assurant une indemnité fixée par expertise, ainsi que le payement des intérêts au taux légal, pendant cinq ans, à partir de la prise de possession de l'immeuble exproprié.

Le 24 du même mois, l'Empereur, voulant donner à l'Algérie un nouveau témoignage de sa sollicitude et favoriser le développement de la prospérité de ce pays, créa un ministère spécial dont il confia la direction à S. A. I. le prince Napoléon.

Le 24 juillet suivant, Sa Majesté détermina les attributions qui devaient incomber au ministère de l'Algérie, auquel il rattacha également le service de la justice ainsi que ceux de l'instruction publique et des cultes.

Le 31 août, l'Empereur supprima les fonctions de gouverneur général, ainsi que le conseil et le secrétariat général du gouvernement, afin de remédier à l'inconvénient que présentait, pour la prompte expédition des affaires, la double centralisation qui se faisait à Alger et à Paris.

Le même jour, M. le général comte de Mac-Mahon fut nommé commandant supérieur des forces de terre et de mer employées en Algérie.

Le 27 octobre, l'organisation administrative de l'Algérie fut définitivement réglée par un décret impérial rendu sur le rapport de S. A. I. le prince Napoléon, et des conseils généraux furent créés pour chacune des trois provinces. Les tendances vers l'assimilation civile indiquée par l'Empereur dans son discours de Bordeaux recevaient un commencement d'application.

Cette assimilation aurait sans doute fait des progrès plus notables, malgré les obstacles provenant des indigènes et des difficultés de l'acclimatement, si l'Empereur avait toujours trouvé pour seconder ses vues libérales des hommes aux idées larges et élevées, désireux de se conformer aux intentions du souverain, comme l'étaient S. A. I. le prince Napoléon et les maréchaux Vaillant et Saint-Arnaud, cet élève chéri, cet émule intelligent de l'illustre maréchal Bugeaud.

On se rappelle que le duc d'Isly, malgré le mauvais vouloir que lui apposa systématiquement le ministre de la guerre, malgré ses refus réitérés d'ac-

corder à cet habile gouverneur général les renforts
qu'il demandait pour étouffer les soulèvements des
indigènes et anéantir la puissance d'Abd-el-Kader,
le duc d'Isly, disons-nous, poussa la guerre contre
l'émir avec une activité et une vigueur telles que,
surmontant tous les obstacles, il parvint à pacifier
l'Algérie et à donner un véritable essor à la colonisation. Après le duc d'Isly, le maréchal Randon
a aussi rendu de grands services pendant son gouvernement général; mais depuis 1858, la situation
a été profondément changée, et d'une manière très-
fâcheuse. L'Empereur l'a surabondamment constaté;
toutefois, Sa Majesté compte que l'expérience et les
lumières de M. le duc de Magenta lui permettront
de réaliser tout ce qui peut concourir au bien de
l'Algérie (1).

Le 30 du même mois, l'Empereur nomma les
membres des conseils généraux, et fixa l'époque
d'ouverture de la première session desdits conseils.

Le 21 novembre, l'Empereur supprima le *Comité
consultatif de l'Algérie*, et il institua à sa place un

(1) *Lettre de l'Empereur au maréchal de Mac-Mahon* sur la politique de la France en Algérie, page 85.

Conseil supérieur de l'Algérie et des colonies, en vue de constituer l'unité administrative de nos possessions d'outre-mer. Les attributions de ce conseil furent purement consultatives, mais il renfermait dans son sein une commission permanente des travaux publics, travaux qui, dans la pensée de Sa Majesté, devaient tenir désormais une grande place dans les projets que S. A. I. le prince Napoléon allait faire mettre à l'étude.

Parmi les membres du conseil supérieur de l'Algérie et des colonies figuraient des économistes distingués, des hommes de progrès, des écrivains d'un grand mérite, tels que MM. Michel Chevalier, sénateur ; Langlais et Le Play, conseillers d'État ; Reibell et Goyant, inspecteurs généraux des ponts et chaussées ; de Gisors, membre de l'Institut ; Pinard, directeur du Comptoir d'escompte ; Gervais de Caen, directeur de l'École supérieure du commerce ; de Béville, aide de camp de l'Empereur ; Émile de Girardin, tous complétement dégagés de ces errements du passé dont la colonisation algérienne est encore aujourd'hui la victime.

Le 16 février 1859, un décret réglemente les transactions d'immeubles en Algérie, lesquelles pourront, à l'avenir, se faire librement, sans restriction et sans distinction de territoire.

Le 2 mars, la loi du 30 janvier 1851, sur l'assistance judiciaire, et le décret du 28 mars 1852, qui exempte du droit de timbre les journaux et écrits périodiques ou non périodiques exclusivement relatifs aux lettres, aux sciences, aux arts et à l'agriculture, sont rendus applicables en Algérie.

On était fondé à espérer pour nos possessions d'autres mesures aussi libérales, lorsque, le 7 mars 1859, S. A. I. le prince Napoléon cessa, d'après le désir qu'il en avait exprimé à l'Empereur, d'être chargé du ministère de l'Algérie et des colonies.

Le 24 du même mois, M. le comte Prosper de Chasseloup-Laubat fut nommé ministre de ce département, de création si récente.

Les décrets du 16 août qui accordèrent une amnistie pleine et entière à tous les individus condamnés pour crimes ou délits politiques, et qui annulèrent les avertissements donnés jusqu'alors aux feuilles périodiques, furent accueillis avec gratitude dans nos possessions africaines.

Il y avait d'ailleurs dans ces décrets un cachet de grandeur qui, en Algérie comme en France, frappa tout le monde. Outre les craintes que pouvaient éprouver pour leur existence les journaux déjà frappés de plusieurs avertissements, c'est sans conditions, sans nulle réserve que les victimes de nos discordes civiles purent désormais respirer librement l'air de la patrie.

Ces décrets, rendus spontanément, étaient dignes du Prince qui, loin de la France, avait tracé ces lignes si profondément senties : « Dans l'exil, l'air » qui vous entoure vous étouffe, et vous ne vivez que » du souffle affaibli qui vient des rives lointaines de » la terre natale. »

Les principales mesures prises par M. le comte de Chasseloup-Laubat pendant qu'il eut la direction des affaires algériennes, sont relatives à la réglementation des courses de chevaux, à la réorganisation du service télégraphique, aux irrigations, au drainage, à la promulgation du Code de procédure civile, à la reconstitution du service postal, aux marchandises déposées dans les magasins généraux, à l'extension en Algérie du privilége accordé au Crédit foncier de France, à la garantie par une subvention de six millions de l'exécution du grand réseau des chemins de fer algériens, au desséchement des marais, etc., etc.

II

Après avoir rendu tous ces décrets et édicté une foule d'autres mesures, l'Empereur avait lieu d'en espérer de bons résultats, et c'est sans doute pour s'assurer par lui-même de la véritable situation de l'Algérie, qu'il exprima à plusieurs reprises l'intention d'aller la visiter.

Mais la guerre d'Italie, les événements politiques, et bien d'autres causes encore ne permirent pas au Souverain d'accomplir ce voyage avant 1860.

Le 23 août, l'Empereur et l'Impératrice quittèrent Saint-Cloud. Après avoir visité le midi de la France, les territoires annexés de la Savoie, de Nice, et la Corse, il débarquèrent à Alger le 17 septembre.

Là, le spectacle le plus splendide qui puisse être donné sur la terre de l'Afrique attendait Leurs Majestés.

A l'entrée de la plaine de la Mitidja se trouvaient réunis des contingents de fantassins kabyles et de cavaliers des trois provinces, ayant à leur tête leurs aghas et leurs caïds.

Après un simulcare de combat de tribu à tribu; après une fantasia de dix mille cavaliers se précipitant au triple galop et déchargeant leurs armes devant la tente de Leurs Majestés; après une charge magnifique de douze escadrons de spahis traversant la plaine comme un ouragan; après des joûtes, après des chasses à la gazelle, à l'autruche et au faucon; après le défilé des Touaregs à la face voilée, montés sur leurs chameaux; après le calme tableau d'une tribu dans le désert, tous les goums, formant une immense ligne de bataille, se rapprochèrent majestueusement, fusil haut, bannières déployées, de l'éminence sur laquelle était dressée la tente de l'Empereur.

Alors les chefs aux bournous éclatants mirent pied à terre et vinrent, tous ensemble, faire acte de soumission au Souverain de la France. A ce moment, rendu solonnel par la grandeur du théâtre, l'Empereur ne put se défendre d'une émotion visible.

Son Altesse le Bey de Tunis, qui était venu à Alger pour présenter ses hommages à S. M. l'Impératrice Eugénie, assistait à cette imposante cérémonie.

A l'issue de cette fête magnifique, l'Empereur se rendit au banquet qui lui était offert par la ville d'Alger. C'est dans cette réunion, où se trouvait l'élite de la population, du clergé, de la magistrature, de l'administration et de l'armée, que Sa Majesté prononça le discours suivant :

« Ma première pensée, en mettant le pied sur le » sol africain, se porte vers l'armée, dont le courage » et la persévérance ont accompli la conquête de ce » vaste territoire.

» Mais le Dieu des armées n'envoie aux peuples le » fléau de la guerre que comme châtiment ou comme » rédemption, et notre premier devoir est de nous » occuper du bonheur des trois millions d'Arabes que » le sort des armes a fait passer sous notre domi- » nation.

» La Providence nous a appelés à répandre sur cette » terre les bienfaits de la civilisation. Or, qu'est-ce que » la civilisation ? C'est de compter le bien-être pour » quelque chose, la vie de l'homme pour beaucoup, » son perfectionnement moral pour le plus grand bien.

» Ainsi, élever les Arabes à la dignité d'hommes
» libres, répandre sur eux l'instruction, tout en res-
» pectant leur religion, améliorer leur existence en
» faisant sortir de cette terre tous les trésors que la
» Providence y a enfouis et qu'un mauvais gouverne-
» ment laisserait stériles, telle est notre mission : nous
» n'y faillirons pas.

  » Quant à ces hardis colons qui sont venus implan-
» ter en Algérie le drapeau de la France et avec lui
» tous les arts d'un peuple civilisé, ai-je besoin de dire
» que la protection de la métropole ne leur manquera
» jamais? Les institutions que je leur ai données leur
» font déjà retrouver ici leur patrie tout entière, et en
» persévérant dans cette voie, nous devons espérer que
» leur exemple sera suivi, et que de nouvelles popula-
» tions viendront se fixer sur ce sol à jamais français.

  » La paix européenne permettra à la France de se
» montrer plus généreuse encore envers les colonies ;
» et si j'ai traversé la mer pour rester quelques instants
» avec vous, c'est pour y laisser, comme trace de mon
» passage, la confiance dans l'avenir et une foi entière
» dans les destinées de la France, dont les efforts
» pour le bien de l'humanité sont toujours bénis par
  la Providence. »

Ces paroles furent accueillies avec bonheur, avec une véritable satisfaction par cette réunion d'élite, et, promptement propagées dans les trois provinces, elles y portèrent l'espoir et la confiance parmi les populations européenne et indigène.

Le voyage de l'Empereur devait durer un mois, mais au moment où le Souverain allait s'occuper des besoins de la colonisation, des affaires qui s'y rattachent, telles que les concessions de mines, de forêts, des créations de centres de populations, ainsi que des mesures à prendre pour améliorer la situation du pays et le sort de chacun, une bien triste nouvelle arriva à Sa Majesté et hâta son retour en France.

L'Empereur reçut une dépêche qui lui annonçait la mort de la duchesse d'Albe ; mais il sut maîtriser sa douleur, et il laissa ignorer pendant quelques jours encore à l'Impératrice, dont elle allait briser l'âme, la fin prématurée de sa sœur bien-aimée.

Le 21 septembre 1860, Leurs Majestés débarquaient à Port-Vendres, et c'est en remettant le pied sur le sol français que l'Impératrice apprit qu'au moment où elle avait abordé nos possessions algériennes, sa sœur chérie expirait, à peine âgée de 35 ans, et alors qu'elle était comblée de tous les dons de la fortune.

Rien ne peut dépeindre la douleur poignante que res-
sentit l'Impératrice, et la grande affliction que Dieu
avait réservée à son cœur ne s'effaça que difficilement; sa santé en fut même pendant longtemps assez
gravement altérée.

III

Le court séjour que l'Empereur fit en Algérie pendant ce premier voyage fit-il comprendre à Sa Majesté que la situation de ce pays exigeait de sérieuses
modifications? Nous n'oserions l'affirmer. Toutefois,
deux mois à peine après son retour dans la métropole,
Napoléon III accordait de grandes réformes politiques à la France, et l'Algérie n'était pas oubliée dans
cet acte considérable.

Par décret du 26 novembre 1860, le Sénat et le
Corps législatif furent appelés à discuter et à voter
tous les ans, à l'ouverture de la session, une adresse
en réponse au discours de la couronne. Les journaux
furent autorisés à rendre compte des séances du Sé-

nat et du Corps législatif. Le ministère de l'Algérie fut supprimé, et le maréchal Pélissier, duc de Malakoff, fut nommé gouverneur général de l'Algérie.

Ainsi, voilà un Souverain qui, après avoir reçu de la nation les pouvoirs nécessaires pour rétablir l'ordre à l'intérieur et la grandeur du pays à l'extérieur, est le premier à introduire dans nos institutions, même contrairement, assure-t-on, à l'opinion de quelques-uns des membres de son gouvernement, des améliorations qui sont un témoignage de sa confiance dans le peuple français.

Un autre décret en date du 10 décembre 1860, détermina les attributions du gouverneur général, de la haute administration, et du conseil du gouvernement de l'Algérie.

Après la suppression du ministère de l'Algérie et la centralisation à Alger de toute l'administration, moins un bureau laissé au ministère de la guerre pour la préparation du travail avec l'Empereur, les rapports avec le conseil d'État, les affaires politiques, etc., la plupart des employés du ministère supprimé (la moitié au moins), furent envoyés en Algérie pour constituer la nouvelle direction générale des services civils, créée auprès du gouverneur général.

Ce surcroît de fonctionnaires ou d'employés empruntés à une des grandes administrations de la métropole, pouvait faire espérer qu'on allait enfin rompre, en Algérie, avec les anciens errements, examiner les affaires de haut, à un point de vue général, et les expédier avec promptitude et maturité. Nous n'oserions affirmer que ce résultat ait été obtenu, surtout après avoir lu certains passages de la *Lettre sur la politique de la France en Algérie.*

Il est, en effet, permis de penser que le changement considérable apporté dans la haute administration de l'Algérie, par le décret du 10 décembre 1860, n'a pas produit tous les bons effets qu'en attendait l'Empereur. La lettre que Sa Majesté adressa au duc de Malakoff, le 6 février 1863, deux ans à peine après ce changement, tendrait à prouver que les administrateurs algériens, anciens et nouveaux, ne se sont pas toujours pénétrés des intentions du chef de l'Etat, ou qu'ils n'ont pas voulu les comprendre, même au point de vue de la réconciliation à opérer entre l'élément européen et l'élément indigène.

Voici cette lettre si remarquable, comme tout ce qui émane de la plume impériale.

« Monsieur le Maréchal,

» Le Sénat doit être saisi bientôt de l'examen des
» bases générales de la constitution de l'Algérie,
» mais, sans attendre sa délibération, je crois de la
» plus haute importance de mettre un terme aux in-
» quiétudes excitées par tant de discussions sur la
» propriété arabe. La bonne foi comme notre intérêt
» bien compris nous en font un devoir.

» Lorsque la Restauration fit la conquête d'Alger,
» elle promit aux Arabes de respecter leur religion et
» leurs propriétés. Cet engagement solennel existe
» toujours pour nous, et je tiens à honneur d'exé-
» cuter, comme je l'ai fait pour Abd-el-Kader, ce qu'il
» y avait de grand et de noble dans les promesses des
» gouvernements qui m'ont précédé.

» D'un autre côté, quand même la justice ne le
» commanderait pas, il me semble indispensable,
» pour le repos et la prospérité de l'Algérie, de con-
» solider la propriété entre les mains de ceux qui la
» détiennent. Comment en effet compter sur la paci-
» fication d'un pays lorsque la presque totalité de la
» population est sans cesse inquiétée sur ce qu'elle
» possède? Comment développer sa prospérité lorsque

» la plus grande partie de son territoire est frappée
» de discrédit par l'impossibilité de vendre et d'em-
» prunter? Comment enfin augmenter les revenus de
» l'État lorsqu'on diminue sans cesse la valeur du
» fonds arable qui seul paye l'impôt?

   » Établissons les faits : On compte en Algérie trois
» millions d'Arabes et deux cent mille Européens,
» dont cent vingt mille Français. Sur une superficie
» d'environ 14 millions d'hectares, dont se compose
» le *Tell*, 2 millions sont cultivés par les indigènes.
» Le domaine exploitable de l'État est de 2 millions
» 690,000 hectares, dont 890,000 de terre propre
» à la culture, et 1 million 800,000 de forêts; enfin
» 420,000 hectares ont été livrés à la colonisation
» européenne; le reste consiste en marais, lacs, rivières, terres de parcours et landes.

   » Sur les 420,000 hectares concédés aux colons,
» une grande partie a été, soit revendue, soit louée
» aux Arabes par les concessionnaires, et le reste est
» loin d'être entièrement mis en rapport. Quoique
» ces chiffres ne soient qu'approximatifs, il faut re-
» connaître que, malgré la louable énergie des colons
» et les progrès accomplis, le travail des Européens
» s'exerce encore sur une faible étendue, et que ce

» n'est certes pas le terrain qui manquera de long-
» temps à leur activité.

» En présence de ces résultats, on ne peut admettre
» qu'il y ait utilité à cantonner les indigènes, c'est-
» à-dire à prendre une certaine portion de leurs terres
» pour accroître la part de la colonisation.

» Aussi est-ce d'un consentement unanime que le
» projet de cantonnement soumis au Conseil d'État a
» été retiré. Aujourd'hui il faut faire davantage : con-
» vaincre les Arabes que nous ne sommes pas venus
» en Algérie pour les opprimer et les spolier, mais
» pour leur apporter les bienfaits de la civilisation.
» Or, la première condition d'une société civilisée,
» c'est le respect du droit de chacun.

» Le droit, m'objectera-t-on, n'est pas du côté des
» Arabes ; le sultan était autrefois propriétaire de
» tout le territoire, et la conquête nous l'aurait trans-
» mis au même titre. Eh quoi ! l'État s'armerait des
» principes surannés du mahométisme pour dépouiller
» les anciens possesseurs du sol, et, sur une terre
» devenue française, il invoquerait les droits despo-
» tiques du Grand-Turc ! Pareille prétention est exor-
» bitante, et, voulût-on s'en prévaloir, il faudrait
» refouler toute la population arabe dans le désert et

» lui infliger le sort des Indiens de l'Amérique du
» Nord, chose impossible et inhumaine.

» Cherchons donc par tous les moyens à nous con-
» cilier cette race intelligente, fière, guerrière et
» agricole. La loi de 1851 avait consacré les droits
» de propriété et de jouissance existant au temps de
» la conquête, mais la jouissance, mal définie, était
» demeurée incertaine. Le moment est venu de sor-
» tir de cette situation précaire. Le territoire des tri-
» bus une fois reconnu, on le divisera par douaires,
» ce qui permettra plus tard à l'initiative prudente
» de l'administration d'arriver à la propriété indivi-
» duelle.

» Maîtres incommutables de leur sol, les indigènes
» pourront en disposer à leur gré, et de la multipli-
» cité des transactions naîtront entre eux et les colons
» des rapports journaliers, plus efficaces, pour les
» amener à notre civilisation, que toutes les mesures
» coërcitives.

» La terre d'Afrique est assez vaste, les ressources
» à y développer sont assez nombreuses pour que cha-
» cun puisse y trouver place et donner un libre es-
» sor à son activité, suivant sa nature, ses mœurs et
» ses besoins.

» Aux indigènes, l'élevage des chevaux et du bé-
» tail, les cultures naturelles du sol.

» A l'activité et à l'intelligence européennes, l'ex-
» ploitation des forêts et des mines, les desséche-
» ments, les irrigations, l'introduction des cultures
» perfectionnées, l'importation de ces industries qui
» précèdent ou accompagnent toujours les progrès de
» l'agriculture.

» Au gouvernement local, le soin des intérêts gé-
» néraux, le développement du bien-être moral par
» l'éducation, du bien-être matériel par les travaux
» publics. A lui le devoir de supprimer les réglemen-
» tations inutiles et de laisser aux transactions la
» plus entière liberté. En outre, il favorisera les
» grandes associations de capitaux européens, en
» évitant désormais de se faire entrepreneur d'émi-
» gration et de colonisation, comme de soutenir pé-
» niblement des individus sans ressources, attirés
» par des concessions gratuites.

» Voilà, Monsieur le Maréchal, la voie à suivre
» résolûment, car, je le répète, l'Algérie n'est pas
» une colonie proprement dite, mais un royaume
» arabe. Les indigènes ont comme les colons un droit
» égal à ma protection, et je suis aussi bien l'Empe-

» reur des Arabes que l'Empereur des Français.

» Ces idées sont les vôtres, elles sont aussi celles
» du ministre de la guerre et de tous ceux qui, après
» avoir combattu dans ce pays, allient à une pleine
» confiance dans son avenir une vive sympathie
» pour les Arabes. J'ai chargé le maréchal Randon
» de préparer un projet de sénatus-consulte dont
» l'article principal sera de *rendre les tribus, ou frac-*
» *tions de tribu, propriétaires incommutables des*
» *territoires qu'elles occupent à demeure fixe et dont*
» *elles ont la jouissance traditionnelle, à quelque*
» *titre que ce soit.*

» Cette mesure, qui n'aura aucun effet rétroactif,
» n'empêchera aucun des travaux d'intérêt général,
» puisqu'elle n'infirmera en rien l'application de la
» loi sur l'expropriation pour cause d'utilité publi-
» que : je vous prie donc de m'envoyer tous les do-
» cuments statistiques qui peuvent éclairer la dis-
» cussion du Sénat.

» Sur ce, Monsieur le Maréchal, je prie Dieu qu'il
» vous ait en sa sainte garde. »

Quelques mois plus tard, cette lettre fut suivie du
sénatus-consulte du 22 avril 1863, relatif à la con-

stitution de la propriété en Algérie, dans les territoires occupés par les Arabes.

Ce fut là un bienfait pour le peuple conquis, et un
acte de générosité dont les indigènes surent gré à
l'Empereur; ce fut aussi une satisfaction et une faci-
lité données à la colonisation.

Le vainqueur de Sébastopol ne devait pas être appelé à seconder les vues de l'Empereur. En dehors de
l'expédition toute pacifique dirigée chez les Touaregs,
expédition qui eut pour résultat d'assurer dans les
profondeurs du Sahara la prépondérance de la France,
la sécurité des voyageurs, et de nous ouvrir ses principaux marchés, notamment ceux de Ghadamès, Rhât,
Tougourt, Ouargla; en dehors de l'envoi des produits algériens à l'exposition universelle de Londres,
où ils figurèrent avec un avantage d'autant plus marqué que sur 745 exposants, 265 récompenses (155 médailles et 110 mentions honorables) furent accordées
à nos compatriotes; à part cela, rien de remarquable
ne signala l'administration du duc de Malakoff, qui
mourut au siége de son gouvernement, à Alger, le
22 mai 1864, succombant aux atteintes d'une fluxion
de poitrine.

M. le maréchal de Mac-Mahon, duc de Magenta, fut

appelé à le remplacer par un décret du 1.er septembre
suivant.

M. le général de division de Martimprey, qui,
après la mort du duc de Malakoff, avait rempli les
fonctions de gouverneur général par intérim, fut élevé
à la dignité de sénateur par un décret portant la
même date.

Pendant l'intérim de M. le général de Martimprey,
des modifications furent apportées au régime administratif de l'Algérie par décret du 7 juillet 1864.

Aux termes de cet acte, la direction générale des
services civils avait été supprimée, et il avait été
créé un secrétariat général du gouvernement pour
l'expédition des affaires civiles.

Alger était appelé à avoir un préfet comme les deux
autres provinces.

L'administration générale du territoire militaire
était confiée au commandant de la division qui prit
le titre de général commandant la province.

Ce décret a eu pour but de faire cesser un fâcheux
antagonisme entre l'autorité militaire et l'autorite civile, en augmentant le pouvoir et la responsabilité
des généraux commandant les divisions, en leur sub-
ordonnant les préfets et en leur rendant l'administra-

tion des indigènes établis en dehors des circonscriptions communales.

A la suite de ces dispositions, qui conservaient aux Européens leurs administrateurs naturels tout en replaçant les indigènes sous une direction mieux appropriée à leurs habitudes et à leurs mœurs, l'Empereur songea à réaliser le projet qu'il avait formé depuis longtemps d'étudier les ressources de ce magnifique pays par ses propres yeux.

Ce projet rencontra cependant dans le sein même du conseil des ministres de sérieuses objections. Le ministre de la guerre, notamment, s'attacha à faire prévaloir des considérations d'un ordre politique pour ajourner ce voyage; mais l'Empereur, on le sait, médite longement, patiemment toutes ses entreprises, et ce n'est qu'avec le calme et la maturité de la pensée que Napoléon III met à exécution ses vastes desseins.

Nous devons ajouter qu'au sein de l'état-major de Sa Majesté, M. le général de division Fleury s'associa hautement à la prompte réalisation de la pensée impériale.

IV

Ce voyage décidé, l'Empereur voulut donner à son auguste Épouse un témoignage de haute confiance, et assurer en même temps la marche régulière des affaires pendant son absence, Sa Majesté conféra à l'Impératrice Eugénie le titre de Régente pour en exercer les fonctions jusqu'au retour de l'Empereur.

Le Sénat reçut à cet effet les lettres-patentes sui-suivantes, en date du 26 avril 1865 :

« Voulant donner à Notre bien-aimée Épouse l'Im-
» ratrice des marques de la haute confiance que Nous
» avons en Elle, attendu que Nous sommes dans l'in-
» tention de Nous rendre en Algérie, et qu'il est né-

» cessaire que pendant Notre absence les affaires de
» l'État n'éprouvent aucun retard, Nous conférons,
» par ces présentes, à Notre bien-aimée Épouse l'Im-
» pératrice le titre de Régente pour en exercer les
» fonctions, pendant Notre absence, en conformité de
» Nos instructions et de Nos ordres, tels que Nous
» les aurons fait connaître dans l'ordre général de
» service que Nous aurons établi et qui sera transcrit
» sur le Livre d'État.

» Entendons qu'il soit donné connaissance à Nos
» Ministres et aux Membres du Conseil privé desdits
» ordres et instructions, et qu'en aucun cas l'Impé-
» ratrice ne puisse s'écarter de leur teneur dans
» l'exercice des fonctions de Régente.

» Voulons que l'Impératrice préside en Notre nom
» le Conseil des Ministres et le Conseil privé. Toute-
» fois, Notre intention n'est point que l'Impératrice-
» Régente puisse autoriser par sa signature la pro-
» mulgation d'un sénatus-consulte, ni d'aucune loi
» de l'État, autres que ceux qui sont actuellement
» pendants devant le Sénat, le Corps législatif et le
» Conseil d'État, Nous référant à cet égard au con-
» tenu des ordres et instructions mentionnées ci-
» dessus.

» Mandons à Notre Ministre d'État de donner
» communication des présentes lettres-patentes au
» Sénat, qui les fera transcrire sur ses registres, et
» à Notre garde des sceaux, ministre de la justice
» et des cultes, de les faire publier au *Bulletin des*
» *lois.* »

Avant de quitter Paris, l'Empereur tint à donner
tout à la fois un témoignage public d'estime et de
regrets à la mémoire de Meyerbeer en assistant à la
première représentation de *l'Africaine*. Le 28 avril,
il signa le décret qui élevait M. Sainte-Beuve, membre
de l'Académie française, à la dignité de sénateur, et il
conféra ensuite la médaille militaire à M. le maréchal
Bazaine, commandant en chef du corps expéditionnaire du Mexique.

Le samedi 29 avril 1865, l'Empereur partit de
Paris à huit heures et demie du matin, accompagné
de M. le général de division Fleury, sénateur, son
premier écuyer, aide de camp; du général Castelnau,
du colonel comte Reille, ses aides de camp; du capitaine de Ligniville et du comte Despeuilles, ses officiers d'ordonnance; de M. F. Piétri, son secrétaire
particulier, et de M. le baron Corvisart, médecin
ordinaire de Sa Majesté.

Le Prince Impérial accompagna son auguste père jusqu'à la gare du chemin de fer de Lyon, et S. M. l'Impératrice suivit l'Empereur jusqu'à Fontainebleau.

Arrrivé à Lyon à six heures du soir, Sa Majesté fut reçue à la gare par S. Exc. le maréchal Canrobert et M. le sénateur préfet du Rhône. Sur tout le parcours du chemin de fer à l'Hôtel-de-Ville, l'Empereur fut salué par les acclamations les plus chaleureuses de la population. Toutes les maisons étaient pavoisées, et la voiture impériale, sans escorte et au pas, put à peine se frayer un passage au milieu de la foule accourue de toutes parts. Un grand dîner eut lieu à l'Hôtel-de-Ville, et le soir il y eut au Grand-Théâtre, au profit des ouvriers sans travail, un concert auquel Sa Majesté assista.

Le lendemain dimanche, après avoir entendu la messe, visité la Croix-Rousse et l'Hôpital, l'Empereur se rendit à la gare de Perrache, où il se rencontra avec la famille impériale de Russie, qui arrivait de Nice où elle avait laissé la dépouille mortelle du Tzaréwitch.

Parti de Lyon à onze heures et demie, l'Empereur arriva à six heures à Marseille, où il fut reçu avec le plus vif enthousiasme. Une foule compacte, massée sur les larges trottoirs de la Canebière, acclama Sa Majesté par les démonstrations les plus chaleureuses. La ville était pavoisée et illuminée, les balcons garnis de riches étoffes, comme en Italie, les femmes agitaient leurs mouchoirs, et deux cent mille âmes, formant la haie sur le parcours, présentaient le tableau saisissant d'une solennité dont l'Empereur a dû conserver le souvenir.

Sa Majesté se rendit directement au port, à bord du yacht impérial, où elle réunit dans un grand dîner les principales autorités et les notabilités commerciales. Pendant le repas, l'Empereur exprima à plusieurs reprises sa satisfaction de l'accueil qu'il avait reçu à Marseille.

Le 1er mai, à huit heures vingt minutes du matin, l'*Aigle* leva l'ancre, et au moment où il sortait du port, deux cent mille voix acclamèrent de nouveau l'Empereur. Dès que l'*Aigle* eut franchi la passe, l'escadre cuirassée, composée du vaisseau *le Solférino*, des frégates *la Couronne, la Normandie, la Provence, la Gloire* et *l'Invincible,* sous le commandement du vice-amiral Bouët-Willaumez, manœuvra et défila devant le yacht impérial. Après ce magnifique spectacle, l'escadre reprit son ordre de marche, et, comme un heureux présage, le vent tomba, la mer, se calma, puis *l'Aigle* mit le cap sur Alger.

Le 2 mai à midi, l'escadre impériale entrait dans la baie de Palma ; sur la sollicitation pressante des autorités civiles et militaires, l'Empereur descendit à terre où il reçut l'accueil le plus sympathique ; les troupes de la garnison prirent spontanément les armes et formèrent la haie sur le passage de Sa Majesté. Après avoir visité le cathédrale, l'Empereur remonta à bord, et à deux heures et demie, l'escadre impériale reprit la route d'Alger, où elle arriva le 3 mai, à cinq heures du matin.

S. Exc. le maréchal duc de Magenta, gouverneur général, se rendit immédiatement à bord pour présenter ses hommages à l'Empereur et prendre ses ordres.

A huit heures, Sa Majesté débarqua au nouveau quai, devant la place du Gouvernement, au bruit des salves d'artillerie et des acclamations d'une foule compacte de Français et d'indigènes accourus de toutes parts pour témoigner sa gratitude au Souverain et exprimer les espérances que faisait naître son second voyage en Algérie.

Au moment de son débarquement, l'Empereur fut reçu par M. Sarlande, maire d'Alger, et par le conseil municipal, ainsi que par le corps consulaire.

En présentant les clefs de la ville à Sa Majesté, M. Sarlande lui adressa un discours auquel l'Empereur répondit :

« Je suis heureux de me retrouver sur cette terre à » jamais française. Des circonstances malheureuses » m'ont empêché, il y a cinq ans, de voir comme je » le désirais ce beau pays, mais j'avais promis d'y » revenir, et j'y reviens.

» Quant à ces hommes courageux, qui sont venus » apporter dans cette nouvelle France le progrès et la » civilisation, ils doivent avoir confiance, et toutes » mes sympathies leur sont assurées.

» J'ai, dès à présent, la satisfaction de leur annoncer qu'une puissante Compagnie se propose de faire » ici de grandes choses, ou plutôt de continuer le » grandes choses qui y ont été commencées. »

Ainsi, en mettant pour la seconde fois le pied sur le sol algérien, l'Empereur annonçait à ces courageux colons que la Société générale algérienne, dont la formation était toute récente, allait dépenser en six ans deux cents millions dans ce magnifique pays, afin de féconder ses richesses agricoles et minérales, en y exécutant d'importants travaux d'utilité publique.

Après avoir prononcé ces paroles de bienvenue, Sa Majesté monta à cheval et passa devant le front des principaux chefs de la province. Plus loin étaient rangés les élèves indigènes du collège arabe-français ; de l'autre côté, formant contraste, se trouvaient les élèves du Lycée. L'Empereur s'est rendu ensuite à la cathédrale, où il fut complimenté par Mgr Pavy, entouré de son clergé.

En sortant de l'église métropolitaine, Sa Majesté s'est dirigée vers le palais du gouverneur général. Là, Elle reçut les autorités civiles, militaires et indigènes, ainsi que la magistrature et le clergé. Après cette réception, l'Empereur désigna M. Ismaïl Urbain, conseiller rapporteur près le conseil du gouvernement, l'un des hommes les plus versés dans les affaires arabes, pour l'accompagner pendant toute la durée de son séjour sur le sol africain.

Sa Majesté adressa le même jour aux habitants de l'Algérie la proclamation suivante :

« Je viens au milieu de vous, pour connaître par » moi-même vos intérêts, seconder vos efforts, vous

» assurer que la protection de la métropole ne vous
» manquera pas.

» Vous luttez avec énergie depuis longtemps contre
» deux obstacles redoutables, une nature vierge et un
» peuple guerrier; mais de meilleurs jours s'annon-
» cent. D'un côté, des Sociétés particulières vont, par
» leur industrie et leurs capitaux, développer les
» richesses du sol, et, de l'autre, les Arabes, conte-
» nus et éclairés sur nos intentions bienveillantes,
» ne pourront plus troubler la tranquillité du pays.

» Ayez donc foi dans l'avenir; attachez-vous à la
» terre que vous cultivez comme à une nouvelle pa-
» trie, et traitez les Arabes au milieu desquels vous
» devez vivre comme des compatriotes.

» Nous devons être les maîtres, parce que nous
» sommes les plus civilisés; nous devons être géné-
» reux parce que nous sommes les plus forts. Justi-
» fions enfin, sans cesse, l'acte glorieux de l'un de
» mes prédécesseurs qui, faisant planter, il y a
» trente-cinq ans, sur la terre d'Afrique, le drapeau
» de la France et la croix, y arborait à la fois le
» signe de la civilisation, le symbole de la paix et de
» la charité. »

Pendant cette première journée, l'Empereur, accompagné de M. le maréchal de Mac-Mahon, des généraux Fleury et Castelnau, et d'une partie de sa suite, fit une promenade dans les environs d'Alger, du côté de Mustapha. En rentrant en ville, Sa Majesté fut l'objet d'une ovation chaleureuse de la part de la population. Après un dîner où furent conviés les principales autorités et une partie des chefs de service, l'Empereur sortit à pied accompagné de S. A. le prince Lucien Murat et de quelques personnes de sa suite.

Le lendemain 4 mai, l'Empereur invita à déjeûner tous les aghas et bachaghas de la province d'Alger venus la veille à sa rencontre. Dans la journée, Sa Majesté continua ses excursions aux environs de la ville, et le soir il y eut un grand dîner au palais du gouvernement.

C'est pendant cette journée que Sa Majesté se rendit à Sidi-Ferruch (nommé par les Arabes Sidi-Feredj), pour visiter la plage où avait eu lieu le débarquement de l'armée française en 1830, et où se livrèrent les premiers combats qui devaient nous assurer la possession de l'Algérie. Les principaux incidents de ces événements mémorables furent racontés

en détail à l'Empereur par S. Exc. le gouverneur général et par M. le général Chauwin, commandant du
génie, qui avaient tous deux assisté au débarquement
et à la prise d'Alger. Avant d'arriver à Sidi-Ferruch,
l'Empereur avait visité le couvent fondé par les trappistes à Staouëli. Puis, après avoir parcouru toutes les
parties de cet intéressant établissement, où la vie de
ces estimables religieux se partage entre la prière et
le travail des champs, Sa Majesté s'arrêta quelques
instants au milieu des frères trappistes réunis dans
une salle; là, M. le général Fleury reconnut parmi
les novices un ancien cavalier qui avait servi sous
ses ordres dans le régiment des guides. Le novice
avoua naïvement à l'Empereur qu'il y avait moins à
travailler au couvent qu'au régiment.

Au retour, l'Empereur suivit la route si hardie qui
descend du Bouzaréah à travers des collines acciden-
tées jusqu'aux carrières situées auprès de la cité
Bugeaud, en avant de la porte Bab-el-Oued.

Le 5, la proclamation suivante fut affichée sur les
murs d'Alger, et expédiée immédiatement dans toutes
les villes de nos possessions et dans toutes les tribus.

Voici en quels termes l'Empereur parla au peuple
arabe :

« Lorsqu'il y a trente-cinq ans, la France a mis le
» pied sur le sol africain, elle n'est pas venue détruire
» la nationalité d'un peuple, mais, au contraire,
» affranchir ce peuple d'une oppression séculaire ; elle
» a remplacé la domination turque par un gouverne-
» ment plus doux, plus juste, plus éclairé. Néan-
» moins, pendant les premières années, impatients
» de toute suprématie étrangère, vous avez combattu
» vos libérateurs.

» Loin de moi la pensée de vous en faire un crime ;
» j'honore, au contraire, le sentiment de dignité
» guerrière qui vous a portés, avant de vous sou-
» mettre, à invoquer par les armes *le jugement de
» Dieu*. Mais Dieu a prononcé ; reconnaissez donc les
» décrets de la Providence, qui, dans ses desseins
» mystérieux, nous conduit souvent au bien en trom-
» pant nos espérances et faisant échouer nos efforts.

» Comme vous, il y a vingt siècles, nos ancêtres
» aussi ont résisté avec courage à une invasion
» étrangère, et, cependant, de leur défaite date leur
» régénération. Les Gaulois vaincus se sont assimilés
» aux Romains vainqueurs, et de l'union forcée
» entre les vertus contraires de deux civilisations
» opposées est née, avec le temps, cette nationalité

» française qui, à son tour, a répandu ses idées dans
» le monde entier. Qui sait si un jour ne viendra
» pas où la race arabe régénérée, et confondue avec
» la race française, ne retrouvera pas une puissante
» individualité, semblable à celle qui, pendant des
» siècles, l'a rendue maîtresse des rivages méridio-
» naux de la Méditerranée?

» Acceptez donc les faits accomplis. Votre prophète
» le dit : *Dieu donne le pouvoir à qui il veut* (cha-
» pitre 2, verset 248). Or, ce pouvoir que je tiens de
» lui, je veux l'exercer dans votre intérêt et pour
» votre bien.

» Vous connaissez mes intentions, j'ai irrévocable-
» ment assuré dans vos mains la propriété des terres
» que vous occupez; j'ai honoré vos chefs, respecté
» votre religion; je veux augmenter votre bien-être,
» vous faire participer de plus en plus à l'adminis-
» tration de votre pays comme aux bienfaits de la ci-
» vilisation; mais c'est à la condition que, de votre
» côté, vous respecterez ceux qui représentent mon
» autorité. Dites à vos frères égarés que tenter de
» nouvelles insurrections serait fatal pour eux. Deux
» millions d'Arabes ne sauraient résister à quarante
» millions de Français. Une lutte d'un contre vingt

» est insensée ! Vous m'avez d'ailleurs prêté serment,
» et votre conscience, comme votre livre sacré, vous
» obligent à garder religieusement vos engagements
» (chap. 8, *du Repentir*, verset 4).

   » Je remercie la grande majorité d'entre vous dont
» la fidélité n'a pas été ébranlée par les conseils
» perfides du fanatisme et de l'ignorance. Vous avez
» compris qu'étant votre Souverain, je suis votre
» protecteur; tous ceux qui vivent sous nos lois ont
» également droit à ma sollicitude. Déjà de grands
» souvenirs et de puissants intérêts vous unissent
» à la mère-patrie; depuis dix ans, vous avez partagé
» la gloire de nos armes et vos fils ont dignement com-
» battu à côté des nôtres en Crimée, en Italie, en
» Chine, au Mexique. Les liens formés sur le champ
» de bataille sont indissolubles, et vous avez appris à
» connaître ce que nous valons comme amis ou comme
» ennemis.

   » Ayez donc confiance dans vos destinées, puis-
» qu'elles sont unies à celles de la France, et recon-
» naissez avec le Koran que *celui que Dieu dirige est*
» *bien dirigé* (chapitre 7, *El-Araf*, verset 177). »

A la suite de cette proclamation, le *Moniteur de l'Algérie* annonça que l'Empereur venait de décider qu'une somme de 1,500,000 francs serait prélevée sur le montant de la contribution de guerre imposée aux rebelles, pour être employée au payement immédiat des indemnités accordées aux Européens et indigènes auxquels l'insurrection avait fait éprouver des pertes.

Déjà une somme d'un million avait été payée pour le même motif, ce qui porte à 2,500,000 francs les indemnités allouées à cet effet, dont 100,000 francs aux indigènes qui ont été blessés, et aux familles de ceux qui ont été tués au service de la France.

Une partie de la journée du 5 mai fut employée par Sa Majesté à visiter en détail la ville et les quais, afin de se rendre compte par Elle-même des améliorations projetées.

Le 6, l'Empereur partit pour Boufarik, où devait avoir lieu une fête agricole. C'est une histoire funèbre que celle de l'établissement de cette ville, et les ravages que la mortalité y fit durant les premiers temps, donnent des chiffres tristement éloquents. Ainsi, pendant les premières années, la fièvre prélevait un tribut annuel de 20 0/0 sur la population européenne. Aller coloniser à Boufarik, c'était courir, sinon à la

mort, du moins à la maladie, à cette fièvre de marais
implacable, à laquelle nul ne pouvait se soustraire.
Malgré l'insalubrité notoire de ce point, les colons ne
reculèrent pas, dit le *Moniteur universel*, et, comme
dans un rang de bataille, les vides que la mort faisait étaient instantanément remplis par des hommes
qui avaient la foi du travail. A force de lutte, ces
hommes tuèrent la fièvre comme nos soldats avaient
tué l'ennemi, et aujourd'hui, sur l'emplacement
du charnier algérien, s'élève la ville agricole la
plus riche et la plus prospère de l'Algérie. Ceux
qui ont vu Boufarik à l'époque rudimentaire, avec
sa population hâve, misérable, avec ses marais pes-
tilentiels, sa terre inculte et nue, sont émerveillés
de trouver à la même place une population robuste,
respirant le bien-être et l'aisance, au milieu d'une
luxuriante végétation qu'activent des travaux hydrau-
liques savamment combinés et qui vont porter la
salubrité et la fécondité à tous les points du territoire
de la commune. Certes il y a dans cette transformation un grand enseignement.

C'est au milieu de cette population laborieuse et
riche que Napoléon III se rendit pour présider à la
fête agricole. Sa Majesté était accompagnée du duc

de Magenta, des généraux Fleury et Castelnau, du colonel Reille, de tous les officiers de sa Maison et du préfet d'Alger.

Boufarik s'était coquettement parée pour recevoir Sa Majesté. Autour du pavillon impérial dressé en face de l'église, étaient pittoresquement disposés les produits admis à l'exposition du comice agricole : à côté des bestiaux, des céréales, des plantes industrielles, on voyait les instruments aratoires modifiés par le génie du colon et adaptés aux besoins de la culture algérienne. Les mécaniciens locaux avaient exposé des instruments appropriés au sol et aux besoins de la colonie : ici c'étaient des ruches à miel en poterie, là des moulins à bras pouvant moudre 20 kilogrammes de farine blutée dans une heure, minoterie portative indispensable dans les fermes éloignées du centre ; plus loin l'on voyait tous les ustensiles de la distillerie des essences.

Lorsque l'Empereur eut répondu au discours de bienvenue que le maire lui avait adressé, il s'entretint avec plusieurs colons; puis il alla visiter la belle usine de la Société linière et cotonnière qui a établi son siége à Boufarik. Après avoir examiné en détail les bassins de rouissage, les machines à teiller le lin et à égrener le coton, l'Empereur monta en voiture et se dirigea vers la place de Boufarik, où il fut reçu par les acclamations chaleureuses des populations accourues des points les plus éloignés de la plaine pour saluer le Souverain qui résume toutes leurs espérances. Après avoir parcouru l'Exposition du comice agricole, Sa Majesté alla se placer sous le pavillon qui lui avait été préparé; Elle y fut haranguée par M. de Rubod, président du comice, et par M. Arnould, président de la Société impériale d'agriculture. La foule des colons avait envahi l'estrade sur laquelle se tenait l'Empereur, et à chaque instant elle acclamait le Souverain par des vivat réitérés; mais l'enthousiasme ne connut plus de bornes lorsque Sa Majesté décora M. Arnould et M. de Franclieu. C'étaient les premières croix que Sa Majesté donnait à l'Algérie depuis son arrivée, et Elle les attachait sur la poitrine de deux colons, dont l'un, M. de Franclieu, est un des vétérans du pays, un de ces vaillants pionniers qui ont défriché leur terre, le fusil sur l'épaule.

L'Empereur monta ensuite en voiture et se dirigea par la plaine vers Koléah. Cette petite ville, que les Arabes appellent Koléah-la-Sainte, est gracieusement assise, au milieu de jolis jardins, à mi-côte des premières collines du Sahel. C'est dans ses murs qu'est né le fameux marabout Sidi-Feredj, et ils renferment aussi le tombeau de Sidi-Ali-Embarek, sur lequel de nombreux pèlerins vont s'agenouiller et prier à certaines époques de l'année. Le tombeau de Sidi-Ali-Embarek s'élève entre un cyprès et un palmier qui, d'après la légende du pays, proviennent l'un et l'autre de semences rapportées de la Mecque par ce saint homme. C'est lui, dit-on aussi, qui protège la cité bénie.

En quittant Koléah, l'Empereur visita Douaouda, et il rentra à Alger par la route pittoresque qui longe le rivage de la mer en passant par Guyotville et la Pointe-Pescade. Sa Majesté était enchantée des progrès notables accomplis dans la Mitidja et dans le Sahel. Elle témoigna à plusieurs reprises de son admiration pour ces belles plaines si bien cultivées, et de l'avenir que le travail européen réservait à ces riches contrées.

Le dimanche 7 mai, l'Empereur se rendit à la cathédrale pour entendre le service divin, et aussitôt après il prit le chemin de fer de Blidah pour se diriger vers Milianah. Le trajet par la voie ferrée n'eut d'autre incident que l'affluence des colons accourus à toutes les stations pour acclamer le Souverain. Le train impérial ne s'arrêta qu'à la gare de Blidah. Là, Sa Majesté monta tout de suite en voiture pour se rendre à Milianah, où Elle arriva vers cinq heures. Après avoir reçu les autorités et les chefs indigènes venus des points méridionaux les plus éloignés pour le saluer, l'Empereur se montra au balcon de l'hôtel de la subdivision. Il assista le soir au feu d'artifice tiré par l'artillerie au pied du mont Zaccar, et le lendemain il reprit la route de Blidah et d'Alger.

Pendant le parcours de soixante-dix kilomètres qui sépare Blidah de Milianah, l'accueil fait à Sa Majesté, à l'aller comme au retour, fut chaleureux, enthousiaste, et les indigènes, plus nombreux sur ce point que les Européens, donnèrent à notre Souverain des marques non équivoques de leurs bons sentiments.

L'Empereur rentra à Alger vers six heures, rayonnant de satisfaction, de santé, et frappé de la richesse du pays qu'il venait de parcourir, des progrès accomplis par la colonisation européenne autour des centres déjà créés, et de la vitalité de la culture pastorale des indigènes. Il ne paraissait pas se ressentir de la fatigue de ce long et rapide voyage, aggravé par la violence du vent d'ouest qui souffla toute la journée en soulevant d'épais tourbillons de poussière.

Le soir, vers huit heures, l'Empereur, accompagné de M. le général Fleury et de quelques personnes de sa suite, fit une promenade à pied dans la ville. Après avoir traversé plusieurs fois la place du Gouvernement, il descendit jusqu'au bas de l'escalier de la Pêcherie; il remonta ensuite sur le magnifique boulevard de l'Impératrice où il se promena quelques instants; mais bientôt la foule devint si compacte que pour se soustraire à cette ovation improvisée, il dut rentrer au palais du gouvernement.

Pendant la matinée du 9 mai, Sa Majesté donna beaucoup d'audiences. A midi, Elle reçut une députation de tous les Maures notables de la ville d'Alger, Ensuite vint le tour des délégués de la Société impériale d'agriculture. L'Empereur s'entretint des intérêts généraux du pays, pour lesquels il ne cessa de manifester une sollicitude toute particulière.

Sa Majesté se rendit ensuite aux deux principales mosquées, au Lycée et au Collége impérial arabe-français. Les pensionnaires et les externes du Lycée étaient rangés dans l'ordre le plus parfait au milieu de la cour d'honneur. Au collége arabe, l'auguste visiteur daigna s'informer de l'enseignement qui est donné dans cette institution d'un caractère tout spécial; puis il exprima le désir de voir prospérer une œuvre aussi utile pour le présent que pour l'avenir. En se retirant, il passa devant le front des élèves qui le saluèrent de leurs plus vives acclamations.

L'Empereur visita, dans la même journée, la Bibliothèque et le Musée, où il fut reçu par le conservateur, M. Berbrugger, homme d'un grand savoir et l'un des plus anciens fonctionnaires de l'Algérie. Sa Majesté examina avec un vif intérêt une lettre écrite par le général Bonaparte, premier consul, à Mustapha-Pacha, dey d'Alger. De là, Sa Majesté se dirigea vers la maison occupée par la Cour impériale, où M. le premier président Pierrey lui offrit les hommages de la magistrature.

En pénétrant dans la mosquée du rite hanefi, comme dans celle du rite maleki, Sa Majesté trouva réunie une grande affluence de fidèles. Les chefs du culte musulman prièrent pour Napoléon III, et l'assistance entière s'associa avec ferveur aux vœux adressés au ciel pour le bonheur de l'Empereur des

Français, qui s'était proclamé aussi l'Empereur des Arabes. Les musulmans accueillirent avec respect et gratitude les assurances de la protection de leur Souverain pour leur religion. La proclamation que l'Empereur avait adressée le 5 mai au peuple arabe était affichée dans les deux mosquées, à côté de la lettre impériale du 6 février 1863 au duc de Malakoff, imprimée en caractères d'or.

Le soir, l'Empereur se rendit au bal donné en son honneur par le maréchal gouverneur général, au palais d'été de Mustapha-Supérieur. De grands préparatifs avaient été faits pour rendre cette fête digne de l'hôte illustre auquel elle était offerte. De la hauteur où cette résidence des anciens deys est située, l'on découvrait le plus resplendissant spectacle. Le fort de l'Empereur, la ville haute, les collines environnantes, la place du Gouvernement, les mosquées avec leurs minarets, la flotte majestueuse et tous les bâtiments de la marine marchande éclairés de mille feux. Après le souper, qui fut servi à minuit, Sa Majesté rentra à Alger au milieu d'une population nombreuse qui, malgré l'heure avancée, avait attendu son retour.

Le 10, dès le matin, l'Empereur travailla pendant

quelques heures avec S. Exc. le duc de Magenta. Ensuite, il donna beaucoup d'audiences, notamment à des indigènes, parmi lesquels se trouvaient plusieurs membres de la famille la plus vénérée de la Mitidja, celle du marabout Sidi-Ali-Embareck, dont le tombeau, ainsi que nous l'avons dit plus haut, se trouve à Koléah. Sa Majesté reçut aussi un gendre d'Abd-el-Kader, le fils d'un ancien kalifat de l'Émir, et les fils d'un autre kalifat mort au service de la France. Tous ces indigènes se retirèrent émus et reconnaissants des paroles sympathiques que Sa Majesté venait de leur adresser.

Dans l'après-midi, l'Empereur descendit la rampe sud du boulevard de l'Impératrice, traversa les chantiers de M. Morton Peto et se rendit au bassin de radoub, où Elle était attendue par MM. de Serry, ingénieur en chef de la province, et Lebiez, ingénieur du port. L'Empereur examina avec intérêt le bateau-porte, dont l'une des faces est dans le vide; puis son attention se porta vers les machines d'épuisement et la grande forme de radoub, se faisant rendre compte des dispositions adoptées pour ce dernier ouvrage ainsi que des procédés employés dans sa construction. Après cette visite, faite au moment où tous les ouvriers étaient au travail, Sa Majesté remonta en voiture et alla visiter le jardin d'acclimatation, où elle arriva à cinq heures du soir.

M. Hardy, le directeur de ce magnifique établissement eut l'insigne honneur de donner à son hôte illustre les renseignements les plus précis sur les espèces animales entretenues dans les parcs. L'attention de l'Empereur s'arrêta un instant sur les avantages que peut présenter la domestication de l'autruche, qui devient de plus en plus rare à l'état sauvage. Il exprima le désir que quelques espèces zoologiques, pouvant présenter un caractère d'utilité particulièrement appropriée au pays, fussent ajoutées au noyau qui existe déjà. Il admira aussi l'effet pittoresque produit par divers groupes de palmiers, et surtout par la longue allée qui s'étend jusqu'à la mer, ainsi que l'avenue de bambous, la dimension des nombreuses tiges de ce végétal et le parti avantageux que l'on peut en tirer dans l'économie rurale. Son intérêt ne fut pas moins excité à la vue de ces beaux spécimens d'arbres conifères de l'Australie, connus sous le nom d'aracaucaria. Il s'enquit de la possibilité de multiplier ces précieux végétaux et de les employer un jour pour le reboisement de nos montagnes. Il se fit donner des détails sur les autres arbres d'essence forestière dont l'acclimatation a été tentée.

Après avoir demandé d'autres renseignements sur l'introduction des plantes alimentaires, sur les plantes fourragères les plus utiles pour le pays, sur les conditions qui conviennent aux arbres fruitiers d'Europe et à ceux des pays tropicaux, l'Empereur parut frappé des résultats obtenus dans cet utile établissement. Il se retira après une promenade de plus d'une heure dans les diverses parties du service, et en témoignant à M. Hardy sa satisfaction sur l'importance des collections végétales qu'il avait su réunir et sur la tenue de cet établissement modèle, unique en Algérie.

Le soir, Sa Majesté daigna honorer de sa présence la représentation de *Rigoletto*, donnée au Théâtre-Impérial.

Le 11 mai, à huit heures un quart du matin, l'Empereur partit d'Alger par le chemin de fer de Blidah pour aller à Médéah. Il arriva à la gare de Blidah vers neuf heures un quart, et après la présentation des autorités locales, dit le *Moniteur universel*, Sa Majesté fit son entrée en ville par la porte Bab-el-Sebt, qui avait été transformée pour cette circonstance en arc de triomphe, au moyen d'une décoration composée de fleurs et de feuillages entourant deux trophées d'armes et un trophée d'instruments agricoles.

La porte elle-même était surmontée d'un aigle dominant les armes de la ville qui porte au premier chef un oranger sur champ de gueule et un bouquet de roses accosté d'une croix. On remarquait au sommet de l'arc de triomphe les mots : *Vive l'Empereur !* et cette inscription, ajoute le journal officiel, avait un caractère essentiellement local. En effet, toutes les lettres composant les mots : « Vive l'Empereur ! » avaient été reproduites en relief avec des oranges juxtaposées et traduisant ainsi, sous une forme originale, les sentiments de la ville des oranges. Des jeunes filles vêtues de blanc et chargées de fleurs s'avancèrent vers Napoléon III, à qui elles adressèrent un compliment plein de goût et de simplicité. Une réception plus gracieuse ne pouvait être faite au Souverain dans la ville des fleurs et des orangers, de laquelle le marabout Sidi-Ahmed-ben-Youssef a dit : « Les hommes t'ont nommée petite ville, et moi je t'appelle petite rose. »

Sa Majesté se dirigea ensuite vers l'église; après la cérémonie religieuse, divers projets préparés sur l'initiative et sous la surveillance de l'ancien maire

de Blidah, M. Rauël de Montagny, lui furent soumis. Puis l'Empereur alla visiter le jardin des
Oliviers, appelé aussi Bois-Sacré, qu'il parcourut
en voiture, manifestant à plusieurs reprises son admiration pour la merveilleuse végétation des arbres
et des fleurs qu'il avait sous les yeux.

Après être resté pendant quelques instants dans cette
oasis embaumée, l'Empereur alla visiter le haras, et
lorsqu'il eut examiné avec attention les étalons de cet
utile établissement de reproduction, il reprit la route
suivie à son arrivée, monta en voiture, et partit pour
Médéah en traversant au sud la plaine de la Mitidja,
vers les gorges de la Chiffa. Ces gorges sont splen-
dides, mais ce qui fait surtout leur beauté, ce sont
moins ces cascades à pic serpentant le long du roc et
se perdant écumantes dans le torrent, cette route
suspendue sur l'abîme et dominée elle-même par des
montagnes desquelles semblent se détacher des blocs
énormes, c'est moins l'imprévu du panomara qui se
modifie à chaque tournant de route, que le changement d'aspect, de pays, de climat, qui se fait sans
aucune espèce de transition.

En rendant compte de cette partie du voyage de
l'Empereur, le *Moniteur*, à qui nous empruntons en-

core une partie de ces détails, parle de la grotte qui
existe au-dessous de la route de Blidah à Médéah,
presque à l'entrée des gorges de la Chiffa, grotte à
laquelle la nature a prodigué ses merveilles. Dans ce
lieu, les stalactites et les stalagmites s'enchevêtrent;
une nappe d'eau limpide ne rappelle sa présence que
par le clapotement des gouttes d'eau qui scintillent
au plafond de cristal

L'abord de cette grotte est fort périlleux. Au tournant de la route qui se trouve immédiatement après
cette curiosité peu connue, on se trouve en face de
l'un des sites les plus charmants qui existent. Un ruisseau aux cascades multipliées et rapides descend
bruyamment, au milieu d'arbres gigantesques, d'une
montagne abrupte du galbe le plus agreste. Près de
ce ruisseau, sur le bord de la route, se dresse une
modeste auberge qui a pour enseigne ce libellé pittoresque :

Grande hautel
du ruisseau des singes
Tenu par Paul
Perrage
on sert à boire et à ma
nger à toutes heures du jour

C'est dans cette auberge, sous une tonnelle natu-
relle, au pied de laquelle descend, en serpentant à
travers une profonde déchirure de la montagne, cette
cascade si connue de tous les touristes, que le déjeûner
de l'Empereur avait été préparé. Il serait difficile de
dépeindre la joie des habitants de cette modeste hôtel-
lerie, lorsqu'ils apprirent la bonne fortune qui leur
advenait.

C'est pendant ce déjeûner que se passa une scène
touchante que nous n'avons lue dans aucune correspondance; nous croyons donc devoir la raconter succinctement, car elle témoigne une fois de plus de
l'excellent cœur de Sa Majesté, et du dévouement que
l'on peut attendre des indigènes lorsqu'on les traite
avec bienveillance.

Selon l'usage consacré, le lieutenant qui comman-
dait l'escorte fut invité à la table de l'Empereur et
prit place à la gauche de Sa Majesté. L'officier honoré
de cette haute faveur était, ce jour-là, un indigène
du nom de Ali-Chérif, appartenant à la famille des
Ben-Allal, si vénérée dans toute la province d'Alger.
Il était tombé jeune encore aux mains des Français,
lors de la prise de la Smala d'Abd-el-Kader, le 16 mai
1843; il avait été élevé à Paris, dans l'institution

Demoyencour. M. Ali-Chérif parlait donc très-bien le français. Pendant le repas, l'Empereur lui demanda s'il était content de sa position. « — Je veux oublier » le passé, répondit l'officier, et en présence de la » conduite généreuse de Votre Majesté, je suis heu- » reux de me déclarer très-content. — Mais, répliqua » l'Empereur, qu'avez-vous donc à oublier dans le » passé? — Sire, dit l'officier indigène, avant l'ar- » rivée de l'Empereur, la situation des indigènes qui » servent dans l'armée, était intolérable. Nos compa- » triotes nous voyaient avec défiance entretenir des » relations intimes avec les Français, et les Français » ne nous acceptaient pas comme des camarades; on » nous refusait l'avancement au-dessus du grade de » lieutenant. Entre la méfiance et le dédain, nos » cœurs se gonflaient de tristesse et d'amertume. » En prononçant ces dernières paroles, la voix de M. Ali-Chérif s'altéra subitement, un sanglot le suf- foqua, et ses yeux se remplirent de larmes. Tous les assistants partagèrent l'émotion de ce brave officier et gardèrent un instant le silence.

Au bout de quelques secondes, on vit l'Empereur prendre le flacon de vin placé devant lui, et offrir à boire à l'officier indigène; Sa Majesté versa elle-même à M. Ali-Chérif, dont la main tremblait en recevant un pareil honneur.

« — Pardonnez-moi, Sire, murmura-t-il, l'oubli du » passé est complet. »

Lorsque l'Empereur eut largement gratifié ses hôtes d'une heure, et laissé des marques de sa munificence à un grand nombre d'indigènes qui étaient venus le saluer de leurs acclamations, il se disposait à remonter en voiture et à poursuivre sa route. A ce moment, un nègre d'origine sénégalaise, nommé Barka, s'approcha de Sa Majesté, et lui exposa qu'étant depuis longtemps en Algérie, il éprouvait le désir de rentrer dans son pays, mais qu'il manquait des ressources nécessaires pour faire le voyage. Il n'eut pas lieu de regretter sa démarche, car l'Empereur, après l'avoir écouté avec une extrême bienveillance, promit à Barka de lui faciliter les moyens de réaliser son projet. En même temps, Sa Majesté lui remit elle-même une poignée d'or que le pauvre nègre reçut en manifestant sa reconnaissance par les témoignages les plus expressifs.

Le cortége impérial se remit alors en route. De temps à autre apparaissait, soit un colon isolé, soit un Kabyle, dont les acclamations allaient se répercutant

dans la vallée d'écho en écho. A partir du ruisseau
des Singes, le cours de la Chiffa s'encaisse de plus en
plus, les gorges se resserrent et prennent cet aspect
abrupte et tourmenté qui fait de cet entassement de
montagnes une des merveilles de l'Algérie; mais, au
confluent de l'Oued-Merdja et de la Chiffa, les gorges
commencent à s'élargir. A cet endroit on traverse la
rivière sur un pont duquel on aperçoit, au milieu des
pins d'Alep, la maison d'exploitation des mines de
cuivre de l'Oued–Merdja. Au-delà du pont, la vallée
va s'élargissant sans cesse jusqu'au pied du Nador.
La route, laborieusement taillée en corniche sur une
longueur de plusieurs kilomètres, à mi-hauteur de
ces montagnes, lisons-nous dans le *Moniteur*, est
comme cramponnée à leurs flancs, d'où s'échappent
de bruyantes cascades. Elle prolonge ensuite à l'infini
ces courbes audacieuses que dominent des rochers
menaçants d'une prodigieuse élévation; tandis que,
du côté opposé, le regard plonge avec effroi dans une
série de précipices dont la vue seule semble devoir
donner le vertige. C'est en suivant presque toujours
au pas cette route étroite, parfois impraticable, tou-
ours difficile et souvent dangereuse, que l'Empereur
arriva au sommet du Nador, d'où il put distinguer à

travers la coupure formée par la gorge de la Chiffa, dans un lointain brumeux, la plaine de la Mitidja, Koléah, qui apparaît comme un point blanc, et puis au-dessous, se confondant avec le ciel, la mer qui forme une espèce de liseré bleuâtre.

A son arrivée à Médéah, l'Empereur fut reçu par M. le général Ducrot, par le maire entouré du conseil municipal, et par une foule compacte où les indigènes dominaient de beaucoup. Sa Majesté fit son entrée dans l'ancienne ville des beys de Tittéry en passant sous un arc de triomphe et accompagnée, au milieu des hourras les plus énergiques, des chefs de tribus vêtus de leurs bournous rouges, montant des chevaux couverts de leurs riches caparaçons à couleurs écarlates, et suivis eux-mêmes des goums s'avançant en rangs pressés.

L'Empereur se rendit d'abord à l'hôtel de la subdivision où il reçut toutes les autorités, puis il visita la citadelle d'où il put jouir du panorama grandiose qu'offre le pays. Il se promena ensuite à pied dans la ville, parcourant successivement les principaux établissements, les hôpitaux, les casernes et l'église, où l'eau sainte lui fut présentée par le clergé avec le cérémonial accoutumé. Sa Majesté s'informa aussi de la situation du pays, des améliorations à y introduire, et des besoins des habitants.

Vers huit heures, un brillant feu d'artifice fut tiré, toutes les rues furent illuminées, des guirlandes enflammées entourèrent la place d'armes, et lorsque Sa Majesté se mit à la fenêtre pour jouir de ce beau coup d'œil, un immense cri de : *Vive l'Empereur !* poussé par des milliers de voix, résuma les sentiments qui débordaient de tous les cœurs. A cet instant eut lieu la retraite aux flambeaux; les spahis aux bournous rouges portaient des torches enflammées dont les lueurs, mêlées à l'éclat des illuminations, contribuaient à donner à cette scène imposante un cachet véritablement grandiose.

Le lendemain 12 mai, à huit heures et demie du matin, l'Empereur quitta Médéah au milieu des témoignages de reconnaissance de la population. A deux heures, il arrivait à Blidah. Là, Sa Majesté prit immédiatement le chemin de fer, et à trois heures un quart elle était de retour à Alger, où la population entière l'attendait pour témoigner sa reconnaissance et son dévouement au Souverain qui était venu étudier par lui-même et chercher la solution d'intérêts si divers et si compliqués.

L'Empereur voulut signaler son passage dans la province d'Alger par des bienfaits et des actes de clémence, et il accorda la liberté à un grand nombre de détenus dans les maisons centrales de l'Harrach et de Lambessa. Sa Majesté fit grâce aussi à la plupart des détenus dans les maisons d'arrêt et dans les pénitenciers militaires.

V.

Le samedi 13 mai, à six heures du soir, l'*Aigle* recevait de nouveau Napoléon III. Après avoir dîné a bord, Sa Majesté donna le signal du départ. Alors l'*Aigle*, suivi de la *Reine-Hortense* et de l'escadre cuirassée, prit aussitôt sa direction vers l'ouest.

Le lendemain 14, à midi, trois coups de canon annonçaient à la populatien d'Oran que l'escadre impériale était en vue, et, à ce signal, un immense tressaillement d'allégresse sillonna la ville jusques dans les habitations les plus humbles. A deux heures, l'*Aigle* se sépara de l'escadre cuirassée, qui continua sa route vers Mers-el-Kebir. Un instant après le yacht impé-

rial entrait dans le port d'Oran, et M. le général De-
ligny allait en canot recevoir l'Empereur.

Au moment où Sa Majesté mit le pied sur le débar
cadère préparé pour la recevoir, un roulement de
tambour et des salves d'artillerie annoncèrent cet
heureux événement aux habitants d'Oran. Le préfet, le maire, le conseil municipal, le conseil général
de la province, la chambre de commerce, la magistrature, les employés supérieurs des diverses administrations, et le corps consulaire étaient rangés à droite
et à gauche de l'estrade. M. Carité, maire d'Oran, se
détacha alors de la municipalité pour offrir les clefs
de la ville à l'Empereur, et il prononça une allocution
à laquelle Sa Majesté répondit en disant que si Elle
était venue en Algérie, c'était pour améliorer le sort
de ses habitants, de ces hardis colons si dignes de sa
sollicitude, et qu'Elle avait le ferme espoir de donner
une solution favorable aux affaires de ce beau pays et
au prompt développement de la population.

Napoléon III fit ensuite son entrée dans la ville
d'Oran, accompagné d'une foule considérable et au
milieu des hourras les plus frénétiques. Sur la place
Kléber, l'attention de l'Empereur se porta sur une
estrade où les jeunes filles des différents pensionnats

de la ville, toutes vêtues de blanc, se trouvaient gracieusement groupées. Un peu plus loin, se trouvait un remarquable trophée d'instruments et de produits agricoles surmonté de cette modeste inscription : « La colonisation européenne à l'Empereur. » Sa Majesté s'arrêta en face de ce trophée, qu'entouraient les délégués du comice agricole et de la chambre consultative d'agriculture.

Le président du comice, en voyant combien l'attention du Souverain s'arrêtait sur les objets exposés, se hasarda à lui demander de recevoir officiellement les hommages du comice, ce qu'il accorda fort gracieusement, et cette circonstance permit à Sa Majesté de s'éclairer de nouveau sur les besoins de la colonisation.

Le cortége impérial se dirigea ensuite sur le Château-Neuf. Là, l'Empereur remercia le maire de l'accueil si profondément sympathique de la population. Dans l'après-midi, Sa Majesté visita la ville, ayant le duc de Magenta à sa droite, le général Fleury à sa gauche, et une suite peu nombreuse ; mais sans aucune escorte.

Cette confiance du Souverain dans les bons sentiments de la population fit redoubler les acclama-

6

tions qui l'accueillaient partout sur son passage. La joie était sur tous les visages.

Le soir, la ville d'Oran fut brillamment illuminée; de tous les côtés, on n'entendait que le bruit des fusées, des bombes et autres pièces d'artifice, auxquelles des feux de Bengale donnaient un éclat tout particulier.

Le 15 mai, dans la matinée, l'Empereur s'occupa des intérêts de la ville et de la province d'Oran. Vers une heure de l'après-midi, il monta en voiture pour aller visiter Misserghin, en suivant la route de la Sénia. Le parcours fut une ovation continuelle pour Sa Majesté. Les Arabes se pressaient sur son passage, le saluant, à son arrivée, d'acclamations enthousiastes.

L'Empereur s'arrêta dans plusieurs endroits : d'abord à la Sénia, puis à Aïn-Beïda, et il arriva vers deux heures à Misserghin. Sa Majesté rentra à Oran pour dîner.

Le 16, vers huit heures du matin, l'Empereur partit d'Oran, accompagné de M. le gouverneur général, des généraux Fleury et Castelnau, du colonel Reille, et de tous les officiers de sa maison civile et militaire. Le cortége impérial prit la route de la

Sénia, contourna le lac Salé, passa à l'ancien camp du Figuier, et s'arrêta dans le bois de Muley-Ismaël, pour déjeûner au pied d'un olivier. Pendant le repas, un pauvre paysan indigène s'approcha de l'Empereur, et lui offrit quelques rayons de miel dans une écuelle de bois. Un des officiers attachés à l'état-major de Sa Majesté glissa dans la main du paysan quelques pièces d'or ; mais l'Empereur, prenant devant lui une orange, la remit à l'indigène, en lui disant : « Prenez ce fruit, cela vous portera bonheur. » Cette orange fut acceptée avec plus d'avidité et de joie que les pièces d'or. C'était plus qu'un présent pour le paysan, c'était un talisman.

L'Empereur avait senti bien vite l'impression profonde et en quelque sorte surnaturelle qu'il produisait sur le peuple indigène. Par sa bonté, par sa généreuse munificence, par sa bienveillance, il prouvait à chaque instant à ces hommes qu'il était leur père en même temps que leur Souverain.

En quittant le bois de Muley-Ismaël, la colonisation européenne disparaît pour ainsi dire ; ce ne sont plus que de vastes étendues occupées par les populations arabes. Sur tout ce long parcours, les douars arabes étaient venus planter les tentes sur le bord de la route, et lorsque l'Empereur passait devant un de ces rassemblements nomades, il était accueilli par les vivat les plus frénétiques, les femmes faisaient entendre leur *youyou*, ces cris de joie aux modulations stridentes, et les robustes filles de la tente venaient présenter à la portière de la calèche impériale le panier d'œufs et la jatte de lait de l'hospitalité, hommage intime de la famille.

Sa Majesté accueillait avec bienveillance ces manifestations primitives, le cortége impérial passait rapide pour être salué à un autre tournant de route par une autre tribu, un autre douar, jusqu'à son arrivée à Sidi-Bel-Abbès.

L'Empereur fut reçu à la porte de la ville, sous un arc de triomphe, par M. le général Jollivet, entouré des autorités civiles et militaires ; mais la pompe officielle disparut devant l'ovation populaire. Les Européens ne furent pas les seuls à vouloir saluer le Souverain venu jusqu'au cœur de cette seconde France pour s'enquérir des besoins de chacun ; les Arabes, confiants dans les destinées que leur prépare Sa Majesté, mêlèrent aussi leurs cris de bienvenue aux manifestations européennes. Là, comme partout, après la présentation des autorités et des notabilités locales, Napoléon III s'est informé des besoins de la colonisation et des populations.

Vers cinq heures, l'Empereur sortit pour aller visiter la ville, et après avoir parcouru plusieurs rues brillamment pavoisées, il se dirigea vers la belle propriété de M. Bastide, qui se trouve à proximité de Sidi-Bel-Abbès, à droite de la route de Mascara. Sa Majesté l'a parcourue avec un intérêt qui se manifestait par les questions et les remarques qu'Elle faisait sur les diverses cultures introduites par M. Bastide dans cette magnifique exploitation.

Le soir, la ville fut brillament illuminée, il y eut retraite aux flambeaux, et depuis sa création, Sidi-Bel-Abbès n'avait jamais vu pareille fête.

Le 17, à sept heures du matin, l'Empereur quittait cette ville aux acclamations de la foule qui, comme la veille, se précipitait sur son passage. Peu d'instants après, un orage éclata, et la pluie ne cessa pas de tomber jusqu'au Tlélat, où Sa Majesté se mit à l'abri dans une humble auberge et y déjeûna. Une heure après, Elle reprit la route d'Oran, où Elle arriva dans l'après-midi par un soleil radieux.

La matinée du 18 fut employée à l'examen de plusieurs projets ; à midi, l'Empereur accorda une audience solennelle aux ambassadeurs marocains amenés la veille par *la Reine-Hortense*. El-hadj-Abd-er-Rahmann, chef de la mission, fut présenté à Sa Majesté par M. le baron Aimé d'Aquin, ministre de France au Maroc, et il remit à Napoléon III une lettre autographe de son Souverain précieusement enveloppée dans un sachet de soie richement brodé. El-hadj-Abd-er-Rahmann était accompagné du caïd Ben-Nasseur, chef de la garde noire de l'empereur Sidi-Mohammed.

Après l'accomplissement de leur mission, les ambassadeurs marocains reçurent des mains de Sa Majesté, comme souvenir, de magnifiques tabatières enrichies de diamants, et le soir ils repartirent pour Tanger à bord de *la Reine-Hortense*.

Le même jour, vers deux heures, l'Empereur se rendit à Mers-el-Kebir, où l'escadre simula un débarquement sous le feu de l'ennemi. Sa Majesté examina ensuite le port dans les plus grands détails, et se fit rendre un compte exact des sondages de la rade, afin de s'assurer si elle pourrait être fermée, soit avec une jetée, soit avec un barrage flottant. Il n'a pas échappé à notre Souverain que Mers-el-Kebir peut devenir un port de guerre de premier ordre.

Un savant ingénieur hydrographe de nos amis, dont nous regrettons encore la fin prématurée, M. Lieussou, avait fait à ce sujet une étude spéciale; il fixa à deux millions la dépense que nécessiteraient les travaux propres à mettre ce port sur un pied respectable de défense; mais en y consacrant une somme de vingt-cinq millions en cinq ans pour y faire un établissement complet, définitif, le port de Mers-el-Kebir, qui est déjà un des meilleurs de la côte, d'Afrique, deviendrait alors imprenable.

A cinq heures, l'Empereur rentrait en ville, et le soir il alla passer un instant au théâtre.

Le 19, malgré une chaleur accablante, Sa Majesté fit une excursion jusqu'au barrage de Saint-Denis-du-Sig; Elle fut impressionnée de l'importance de ce grand travail, ainsi que des heureux résultats qu'il assure aux cultures industrielles.

Le 20 au matin, l'Empereur quitta Oran au milieu des regrets de la population qui s'était portée en foule sur son passage pour l'acclamer une dernière fois. Sa Majesté se dirigea vers Arzew et Mostaganem, en passant par le village de Mazagran, rendu célèbre par l'héroïque défense du capitaine Lelièvre, à la tête de cent vingt-trois soldats du 1er bataillon d'infanterie légère d'Afrique, pendant les journées des 3, 4, 5 et 6 février 1840.

La ville de Mostaganem semblait avoir à cœur de prouver sa prospérité par les grands apprêts qu'elle avait faits pour fêter dignement l'Empereur. Toute la population, européenne et indigène s'associait à ses autorités civiles et militaires dans ces manifestations d'allégresse. Plus de trois mille cavaliers arabes groupés sur les collines qui bordent la route, avaient assisté, le fusil haut, bannières déployées, à l'entrée de Sa Majesté.

Le soir, l'Empereur admit à sa table les autorités de la ville, ainsi que les chefs indigènes. La foule, compacte, stationnait devant la résidence impériale et ne cessait de pousser des acclamations.

Le dimanche 21, après avoir assisté à l'office divin, l'Empereur se dirigea sur Relizane. Là, il fut frappé du développement de ce grand centre admirablement établi à la jonction des vallées de la Mina et du Mélief. Le barrage qui permet déjà d'irriguer vingt-cinq mille hectares, a vivement intéressé notre Souverain.

Mais, en pénétrant dans cette ville de création toute française, le cortége impérial fut subitement entouré par la tribu des Flittas tout entière, au nombre de plusieurs milliers d'individus, demandant avec les plus vives supplications la mise en liberté de leurs parents compromis dans la dernière insurrection et internés en France. Touchée de leurs protestations de fidélité et de reconnaissance éternelles, Sa Majesté prit l'avis du gouverneur général et leur fit annoncer par le kalifat Sidi-Laribi qu'Elle leur faisait grâce. Cet acte de clémence fut aussitôt salué par les démonstrations les plus expansives, et il fut aussi l'occasion d'une scène fort émouvante.

Rentré le même soir à Mostaganem, l'Empereur s'entoura des principales autorités pour s'entretenir avec elles des besoins de la localité et des améliorations qu'elle réclamait.

Le 22 au matin, après avoir distribué des récompenses aux colons les plus méritants, aux fonctionnaires civils et à l'armée, Sa Majesté s'embarqua, accompagnée jusqu'au port par une foule immense.

Les habitants nécessiteux de la province d'Oran, Européens et indigènes, conserveront longtemps, comme ceux de la province d'Alger, le souvenir des bienfaits que l'Empereur a répandus à pleines mains parmi eux.

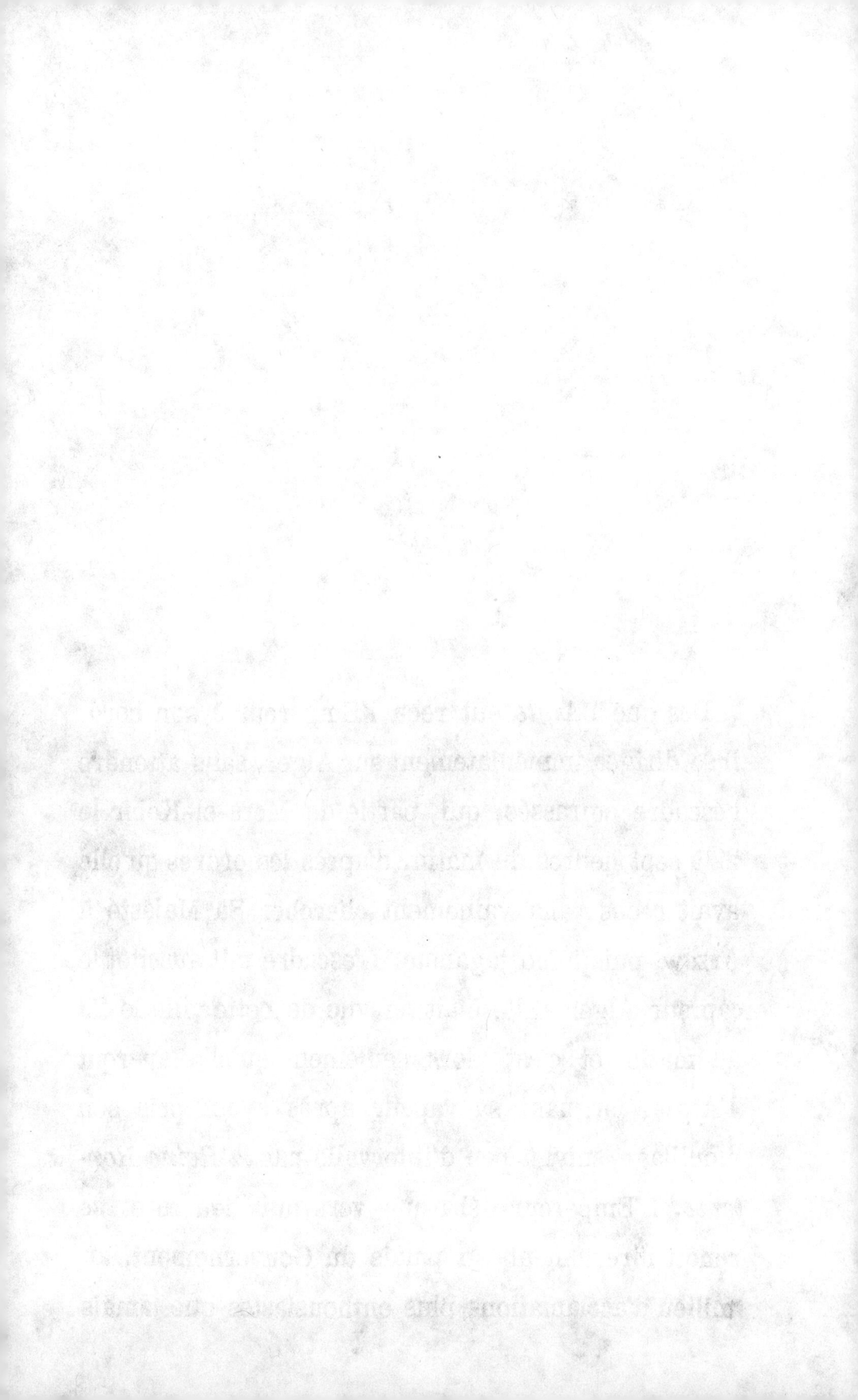

VI

Dès que l'*Aigle* eut reçu l'Empereur à son bord, il se dirigea immédiatement sur Alger, sans attendre l'escadre cuirassée, qui, partie de Mers-el-Kebir le 22 à sept heures du matin, d'après les ordres qu'elle avait reçus, alla vainement chercher Sa Majesté à Arzew, puis à Mostaganem. L'escadre mit aussitôt le cap sur Alger. Elle était en vue de cette ville le 23 au matin, et c'est alors seulement qu'elle aperçut l'*Aigle*, larguant sa vapeur après avoir pris son mouillage, suivi à peu d'intervalle par *la Reine-Hortense*. L'Empereur débarqua vers huit heures et se rendit directement au palais du Gouvernement, au milieu d'acclamations plus enthousiastes que jamais

Le lendemain 24 mai, Sa Majesté partit d'Alger à
six heures du matin pour aller visiter une partie de
la Kabylie et le fort Napoléon, où elle arriva à six
heures du soir, après avoir traversé le pays le plus
cultivé, le plus pittoresque et le plus grandiose à la
fois que l'on puisse voir. A partir de Tizi-Auzou,
toutes les populations de la grande Kabylie, descen-
dues de leurs nombreux villages placés sur chaque
piton comme des forterresses, s'étaient portées en
masse sur le passage du *Sultan*.

Au point de vue officiel, le séjour de l'Empereur
au fort Napoléon n'eut rien de saillant. Il se passa là
les mêmes scènes qui s'étaient déjà produites cent
fois. Même enthousiasme, mêmes réceptions, mêmes
drapeaux, mêmes illuminations; le soir, brillant feu
d'artifice, feux de Bengale et retraite aux flambeaux.
Comme partout aussi, de nombreuses pétitions furent
remises au Souverain, et sept ou huit Kabyles,
n'ayant pu entrer dans le fort, y pénétrèrent en gra-
vissant les fortifications, qui cependant paraissent
inabordables, et allèrent se prosterner aux pieds de
leur sultan, dont ils baisèrent les mains avec les
marques du plus grand respect.

En se rendant en Kabylie, l'Empereur rencontra là

un nouvel élément de colonisation, et l'un des plus propres, certainement, à concourir, avec les agriculteurs européens, à la prospérité de l'Algérie. Depuis qu'ils ont été vaincus, les Kabyles ont accepté notre domination tout en conservant leurs mœurs, et en restant attachés à leurs champs, qu'ils cultivent avec une rare intelligence, car là où il y a de la terre, pas un mètre de terrain n'est perdu; si le blé ne peut y être semé, à cause de la nature rocheuse du sol, c'est le figuier qu'on voit surgir, ou l'olivier, l'une des richesses du pays.

Pendant la dernière partie du trajet, l'Empereur fit remarquer à son état-major la beauté des sites de la Kabylie qui sont, en effet, d'un grandiose imposant. De distance en distance apparaissait au sommet d'une colline un petit hameau qui n'avait rien de sauvage; les maisons, couvertes en tuiles, y sont très-propres; les habitants semblent les meilleurs gens du monde, et leur maintien ne manque pas même d'une certaine dignité. L'Empereur a admiré surtout les enfants qui couraient sur la route et s'approchaient des militaires sans aucune appréhension. On voit rarement, il est vrai, des types aussi parfaits que ceux de ces jeunes Kabyles, dont les formes sont dignes de la statuaire.

Le fort Napoléon fut construit sur l'ancien emplacement de Souk-el-Arba, village des Beni-Raten. Par un hasard étrange, c'est le 24 mai, jour anniversaire de la prise de ce village que défendaient plusieurs milliers de Kabyles, ces guerriers les plus renommés des chaînes de l'Atlas et du Djurjura, que Sa Majesté fit son entrée dans le fort Napoléon.

Le 25, au matin, M. Gudin fut introduit auprès de l'Empereur, qui désirait voir les types merveilleux des Kabyles que notre célèbre peintre de marine n'avait cessé de dessiner depuis qu'il se trouvait au milieu de leurs montagnes. M. Gudin plaça ses croquis sous les yeux du Souverain en disant : « Quelle contrée enchanteresse, Sire ! depuis quatre heures du matin, j'admire et je dessine. » A son tour, Sa Majesté montra au grand artiste son album sur lequel, dès le lever du jour, Elle avait pris les points de vue du Djurjura et de la mer que l'on découvrait de la croisée. Avant de se remettre en route, l'Empereur alla entendre l'office divin, à l'occasion de la fête de l'Ascension, et dans la soirée il rentrait à Alger.

Le même jour où l'Empereur allait visiter la Kabylie, l'escadre italienne, envoyée à Alger par le roi Victor-Emmanuel pour complimenter son illustre

allié, était venue mouiller sur rade après avoir
échangé les saluts d'usage auxquels répondirent
aussitôt les batteries du môle et de nos magnifiques
navires de guerre. Elle se composait d'une grande
frégate à vapeur, l'*Italia*, portant pavillon amiral, et
de trois frégates cuirassées à éperon.

Le 26, Napoléon III, après avoir distribué de
nombreuses récompenses à la magistrature, à l'administration, aux notabilités de la province et à l'armée, se rendit à bord du *Solférino*, où les états-majors
des navires de l'escadre se trouvaient réunis. Dès
que le canot impérial déborda du quai, les vaisseaux
de guerre français et italiens, ainsi que les bâtiments
de la marine marchande se pavoisèrent, les matelots
montèrent sur leurs vergues, des salves d'artillerie
et des hourras retentirent de toutes parts. L'Empereur prononça quelques paroles qui impressionnèrent
vivement tous nos marins; il distribua ensuite un
certain nombre de décorations et de médailles militaires, puis il se retira au milieu des mêmes acclamations. En retournant à terre, Sa Majesté monta à bord
de la frégate-amirale italienne, où Elle resta quelques instants; à cinq heures et demie le Souverain
était de retour au palais du Gouvernement, et le soir

il offrait un grand dîner d'adieu aux autorités religieuses, civiles et militaires de la capitale algérienne,
où son passage laissera des traces ineffaçables dans
le souvenir des populations françaises et indigènes.

On se ferait difficilement une idée de l'impression
profonde produite chez les indigènes par le voyage
de l'Empereur. Partout où Sa Majesté se montrait,
on remarquait l'empressement grave des hommes, les
cris d'allégresse des femmes ; les enfants accouraient
au-devant du cortége impérial, chaque tente placée
le long de la route arborait un pavillon tricolore. Ce
n'était pas seulement le besoin de faire entendre des
plaintes, de demander la grâce des prisonniers, de
participer aux largesses du Souverain ; non, c'était
surtout l'attrait irrésistible qu'exerçait sur eux le
nom et la personne du Sultan. L'Empereur n'était
plus pour eux un Français, un chrétien, un domina-
teur ; il était une émanation de la puissance divine,
le Sultan ! celui qui porte bonheur, celui qui défend
et qui protége. Combien d'indigènes ont fait de longs
voyages pour venir contempler le visage de l'Empereur. C'est une tradition pour eux que celui qui a pu
voir le visage du Sultan, face à face, a gagné une
infaillible chance de prospérité. Voici, du reste, un

fait qui a sa signification. Un sous-lieutenant indigène commandant la garde d'honneur placée à l'entrée du palais du Gouvernement occupé par l'Empereur à Alger, avait eu l'honneur de s'asseoir à la table de Sa Majesté. A la fin du repas, l'Empereur s'approcha de lui et lui demanda : « Désirez-vous quelque chose ? » — Non, Sire, répondit l'officier ; hier, je souhaitais » ardemment une chose, aujourd'hui, je suis satisfait. » — Que désiriez-vous donc hier, reprit l'Empe- » reur ? — Je souhaitais d'avoir le bonheur de m'en- » tendre adresser la parole par l'Empereur ; Votre » Majesté vient de me faire cet honneur, je suis satis- » fait. On me donnerait cette vaste salle remplie de » doublons (1), que je ne serais pas plus content, car » je pourrais dépenser cet argent qui s'évanouirait, » tandis que rien ne pourra m'enlever l'honneur que » Votre Majesté vient de m'accorder. » Il faut avoir vu l'air de jubilation répandu sur la physionomie de cet indigène, d'un extérieur assez vulgaire, pour demeurer convaincu de la bonne foi de ses paroles et de la naïveté de ses sentiments.

Ce brave officier, qui comptait 22 ans de services,

(1) Quadruples d'Espagne d'une valeur de 84 francs.

n'était pas décoré, et il n'a pas songé un instant à réclamer cette faveur. Son cœur était plein. Il avait oublié qu'il était militaire ; c'était l'Arabe, l'enfant du douar et de la tradition patriarcale qui avait parlé.

VII

Le samedi 27 mai, après un grand déjeûner à bord de l'*Aigle* auquel furent conviés l'amiral et les officiers de l'escadre italienne, Sa Majesté partit pour Philippeville et la province de Constantine.

Tous les bâtiments du commerce ainsi que les escadres cuirassées italienne et française étaient pavoisées; les matelots, montés sur les vergues, saluaient l'Empereur de leurs hourras. Une foule compacte garnissait les quais, les rampes, les balcons et les terrasses en amphithéâtre jusqu'à la Casbah. Les drapeaux flottaient aux fenêtres et les dames agitaient leurs mouchoirs. Un soleil splendide ajoutait encore à la grandeur et à l'éclat du départ de Napoléon III, de cet imposant spectacle que complétaient les salves d'artillerie des forts, des batteries de terre et des bâtiments des diverses marines militaires qui se trouvaient dans la rade.

Les populations voyaient partir à regret le Souverain qui tient entre ses mains les destinées du pays, et, par ses acclamations enthousiastes, elles lui montraient toute la foi qu'elles possèdent dans son jugement. Napoléon III l'avait compris, et en quittant, Alger, Sa Majesté a dit au maire : « Je pars avec » une confiance entière dans l'avenir de l'Algérie, et »‿avec une foi profonde dans sa prospérité future. »

L'Empereur débarqua à Philippeville le 28 à huit heures du matin.

Bâtie sur l'emplacement qu'occupait anciennement Russicada, Philippeville fut fondée le 6 octobre 1837 par le maréchal Valée; son importance commerciale grandit chaque jour, mais lorsque le chemin de fer qui est en voie de construction et qui doit la relier à Constantine sera terminé, elle deviendra une des cités de transit les plus importantes de l'Algérie. La population indigène de Philippeville est insignifiante; cette cité, de construction récente, est bâtie à l'européenne.

L'Empereur ne fit que la traverser, et partit pour
Constantine après avoir entendu la messe et reçu
les hommages des autorités et des principaux habitants.

La route de Philippeville à Constantine suit, dans
presque tout son parcours, le tracé du chemin de fer,
dont les remblais se dessinent déjà. Traversant, en
s'y arrêtant quelques instants, les centres agricoles de
Saint-Charles, Gastonville, El-Arrouch, ancien poste
militaire devenu l'un des bourgs les plus importants
de cette belle province; Sainte-Eugénie, Smendou,
Deux-Ponts, Bizot, charmant petit village au milieu
duquel s'élève une gracieuse église due à la munificence du Prince Impérial; puis enfin les riches jardins du Hamma arrosés par les eaux du Rummel,
l'Empereur arriva à Constantine vers cinq heures.

La réception fut magnifique; elle empruntait un aspect féérique à la situation pittoresque de la ville,
qui, comme un nid d'aigle, paraît suspendue dans
l'espace, et a l'aspect le plus fantastique qui se puisse
rêver. L'affluence des Arabes était immense. Les
goums, aux costumes éclatants, étaient rangés fiè-
rement, drapeaux déployés, sur les hauteurs ro-
cheuses du Coudiat-Aty, hauteur qui domine la place

de la Brèche, et la rampe qui descend au Rummel servait de vaste amphithéâtre à toute la population de Constantine et des environs. Européens et indigènes s'étaient unis dans la même pensée de reconnaissance pour saluer et acclamer le Souverain. Chacune des races avait lutté d'émulation pour imprimer à l'accueil fait à l'Empereur un caractère grandiose et un souvenir ineffaçable. Colons, Arabes, israélites, tous avaient élevé des arcs de triomphe sur le passage de Sa Majesté, dont l'arrivée dans l'ancienne capitale de la Numidie présentait un caractère grandiose qui ne saurait se reproduire dans aucune autre ville algérienne.

L'Empereur passa d'abord sous un arc de triomphe original, construit avec les produits de la province : des sacs de céréales, des laines, et des ouvrages en sparterie. Le maire de Constantine, M. de Contencin, présenta les clefs à Sa Majesté, qui fit son entrée en ville par la porte Valée, que les premiers habitants européens appellent aussi *porte de la Brèche*, car c'est là que nos soldats, lors de l'assaut, firent la trouée par laquelle ils pénètrèrent dans la cité d'Achmet-Bey ; c'est là que tant de vaillants soldats s'illustrèrent pendant ce siége meurtrier, et que

le brave colonel Combe trouva une mort glorieuse
sur la brèche même au moment où il y pénétrait à la
tête de ses grenadiers. Le premier nom français que
le maréchal Valée donna à l'une des grandes rues de
Constantine, fut celui du colonel Combe qu'elle porte
encore aujourd'hui.

Au moment où, vers cinq heures, il entrait dans la
ville, l'Empereur fut salué par des tonnerres d'artillerie mêlés au bruit de la foudre qui grondait
depuis le matin sur la montagne du Coudiat-Aty.
Passant à travers une haie d'enfants, de zouaves, de
miliciens, de chasseurs d'Afrique et de spahis, le
chef de l'État arriva ainsi au palais des anciens beys,
escorté des chefs arabes et soulevant partout sur la
route des cris d'enthousiasme et des vivats prolon-
gés.

Ce palais est l'un des monuments les plus remarquables de l'Algérie, et malgré la simplicité de la
double porte basse et étroite qui peut à peine livrer
passage à deux personnes de front, on le considère
avec raison comme une véritable habitation prin-
cière, car dès qu'on en a franchi le seuil, on marche
de surprise en surprise. Dans la description qu'il en
donne, M. Sauton dit que si l'on n'est conduit par un

guide, on se perd dans les méandres de cette habitation, dans les jardins, où l'oranger, le laurier-rose,
les lis poussent à côté du citronnier, du géranium;
des lianes tapissent toutes les murailles. Ces jardins remplacent les cours intérieures de nos maisons;
ils exhalent une fraîcheur et un parfum enchanteurs,
que l'on peut respirer à l'aise, assis sous une de ces
galeries dallées de faïence qui règnent partout au sein
du palais.

Il n'y a qu'un seul étage, et pourtant l'apparte-
ment est nombreux et vaste. En le visitant, on dé-
couvre à chaque instant un détail délicieux; on devient amoureux de ce luxe oriental, si varié, si
coloré. La perle de l'écrin est le salon d'été, où le
jour arrive tamisé par les mille arceaux de couleur
qui forment l'une des parois. D'élégantes colonnettes
en marbre blanc supportent le plafond à solives,
peintes de diverses couleurs, et une balustrade légère, flanquée de vases chargés de fleurs, la ferme
du côté de la galerie qui dessert les principaux
appartements.

Ouvrant sur le salon, se trouve la salle d'armes,
joyau remarquable encore, où sont déposés les trophées enlevés à l'ennemi depuis l'occupation de l'Al-

gérie. Elle est toute glaces et faïences, avec un petit enfoncement dont le demi-jour est on ne peut plus favorable à la rêverie.

Les portes, les contrevents en bois sont des merveilles de sculpture, et il est difficile de voir rien de plus délicat que les cinq colonnettes tout en marbre qui s'élèvent du sol au milieu de la salle.

M. Sauton dit qu'il y a compté dix trophées d'armes précieuses, finement ciselées, de tambours, de tam-tams et de fanions. Au-dessous de chacun est clouée une petite pancarte où sont inscrits les noms des combats où les armes ont été prises, ceux des généraux qui ont dirigé les affaires et des officiers qui s'y sont distingués.

Deux plaques en marbre incrustées dans la muraille contiennent les noms en lettres d'or des généraux qui ont commandé la division de Constantine; ce sont :

MM. les généraux de Trézel, 1837; de Castellane, 1837; de Négrier, 1838; de Galbois, 1838; de Négrier, 1841; Baraguey-d'Hilliers, 1843; le duc d'Aumale, 1843; Bedeau, 1844; Herbillon, 1847; de Saint-Arnaud, 1850; de Salles, 1851; de Mac-Mahon, 1852; Maissiat, 1855; Gastu, 1857; Desvaux, 1859; Périgot, 1864.

Le dernier de ces officiers généraux, qui était alors en expédition dans les Babors, n'a pu recevoir l'Empereur. Il était représenté par le général de brigade commandant la subdivision.

Dès qu'il fut arrivé dans ce palais, l'Empereur, qui ne paraissait nullement se ressentir des fatigues du voyage et dont la santé était excellente, reçut aussitôt les autorités et les différents corps constitués.

Après le dîner, Sa Majesté, accompagnée du duc de Magenta, du général Fleury et des officiers de sa Maison, fit une longue promenade à travers les rues de la ville. L'ovation de la journée se répéta alors plus chaleureuse encore. La ville était brillamment illuminée; elle avait un aspect féerique dont nulle description ne saurait donner une idée. Les lumières inondaient tous les quartiers de la cité numide, et cette débauche de lampions, de lanternes arabes et vénitiennes faisait ressortir les constructions pittoresques de l'ancienne Cyrta.

Le 29, l'Empereur passa toute la matinée à étudier les questions locales, et vers trois heures il monta en voiture pour aller visiter la minoterie de M. Lavie, qui se trouve au fond du Rummel. Il se dirigea ensuite vers la gorge de cette rivière impétueuse, turbulente, qui, de même qu'un fleuve américain, a des chutes d'une hauteur considérable. Dans sa course autour de la ville qu'elle enveloppe presqu'entièrement, elle disparaît tout à coup dans un gouffre profond, puis reparaît un instant pour disparaître encore; enfin, ce n'est qu'après avoir accompli une course vagabonde dans les entrailles des rochers, qu'elle revient sous le ciel refléter le roc à pic qui sert de piédestal à Constantine. Rien n'est grandiose comme ce spectacle, et ce n'est qu'en tremblant que l'on se hasarde à mesurer de l'œil ce torrent qui coule, en certains endroits, à une profondeur de près de deux cents mètres.

L'Empereur ne se lassait pas de contempler cette scène grandiose, et qui n'a pas de pareils parmi les sites connus de l'Europe. Après cette promenade qui a duré près de trois heures, Sa Majesté se dirigea vers le pont d'El-Kantara, qui est hardiment jeté sur le gouffre, et dont la première arche est formée par le rocher dans lequel, d'après ce que disent les anciens, elle aurait été percée par l'infiltration des eaux torrentielles du Rummel.

Non loin de lui, au pied du plateau du Mansourah, se trouvaient M. Arnaud, ingénieur en chef des ponts et chaussées, et M. de Contencin, maire de Constantine, avec lesquels le chef de l'État s'entretint de l'emplacement qu'il convenait de fixer pour la gare du chemin de fer. Ensuite, Sa Majesté rentra en ville, en traversant les quartiers arabes. L'ovation qui fut faite à l'Empereur par les indigènes a quelque chose de surprenant de la part d'hommes si graves et si peu expansifs. C'était une nationalité se courbant devant le vainqueur en mettant sa foi dans sa justice.

Le 30 mai, à six heures du matin, l'Empereur quittait Constantine, escorté de toute la population qui lui fit une conduite triomphale bien au-delà des portes de la ville, et après une course de douze heures, il arrivait à Bathna, où il fut reçu par le colonel Séroka, à la tête des goums placés sous son commandement.

A partir de Constantine, la route semble tracée entre deux océans de blés, dont la monotonie n'est rompue que par quelques villages ensevelis dans d'épais ombrages que l'on aperçoit de loin en loin. Là, il ne faut plus songer à la colonisation européenne, car on se trouve en plein pays arabe, sur les hauts plateaux ; c'est là que les Arabes s'étaient réunis pour saluer l'Empereur. « Plus de cinq mille

tentes, lisons-nous dans le *Moniteur*, étaient cam-
pées sur le bord de la route avec leurs troupeaux ;
les chefs de tentes, au nombre de mille environ,
avaient revêtu leurs habits de fête, et, le fusil au
poing, attendaient le chef de l'État. Lorsqu'il débou-
cha dans la plaine de Mélila, les goums arabes s'é-
branlèrent et se portèrent à grands fracas au-devant
de lui. »

Ceux de nos amis qui ont eu l'honneur d'accompagner l'Empereur pendant cet intéressant voyage,
nous affirment qu'il serait difficile de retracer un pareil spectacle avec la plume. Jamais scène aussi
majestueuse n'avait frappé leur vue, et rien, dans
les grands camps militaires de l'Europe, ne peut être
comparé à ces agglomérations indigènes.

D'après la relation du journal officiel, « toute la
famille arabe était là, telle qu'elle existe depuis des
milliers d'années. Toutes les civilisations du monde
sont passées à côté d'elle, sans la voir, et elle, dédai-
gneuse, les a laissé passer sans rien changer à ses
mœurs, vivant de la vie de ses ancêtres et transmet-
tant par les traditions les âges bibliques. » C'est que,
pour la première fois, cette grande famille arabe
acclamait un souverain chrétien avec enthousiasme,

et cette population primitive avait déployé pour recevoir le grand Sultan tout le luxe de la tente; elle était venue là avec les trésors qu'elle cache habituellement, avec ses femmes, ses enfants, ses vieillards, ses troupeaux, témoigner ainsi à un Souverain chrétien une confiance qu'aucun bey n'avait pu leur inspirer.

Pour nous qui avons parcouru, à une autre époque, ces vastes plaines où nos fonctions nous appelaient, pour nous qui avons vécu au contact de ces populations primitives, et qui avons pu les apprécier alors que peu d'Européens avaient pénétré parmi elles, nous croyons facilement le correspondant du *Moniteur*, quand, faisant le récit de la fête qu'offrit à l'Empereur, Bou-el-Akhras-ben-Gannah, chef de la grande tribu des Zmouls, il dit que « cette manifestation était une chose unique dans les annales musulmanes. Une magnifique tente en poils de chameau avait été dressée au milieu du campement; le sol était recouvert par des tapis du sud et un seul sofa ornait l'installation saharienne : c'était la salle de réception. A quelques pas en arrière se dressait un *guitoun*, petite tente de guerre en toile doublée de damas, dans laquelle on avait établi un lit de repos pour l'Empereur.

« Lorsque l'Empereur arriva escorté par les goums qui s'étaient portés au-devant de lui, il fut salué par les acclamations des trois tribus, et les cavaliers brillants commencèrent ce tournoi d'adresse et d'agilité si connu aujourd'hui sous le nom de *fantasia*. A chaque passe le *toulouil* des femmes se faisait entendre plus aigu et plus strident lorsqu'il s'adressait soit à un chef puissant, soit à un cavalier accompli. Dans cette joute qui simule la guerre, l'Arabe met tout son amour-propre ; il est fier, le cavalier qui a dépassé son partner en lançant son long fusil et en le rattrapant au vol, et dans la plaine de la Mélila l'émulation était grande, car la présence de l'Empereur surexcitait la hardiesse de chacun. Pendant tout le temps que dura la fantasia, Sa Majesté se tint seule en avant de la tente ; sur le second plan étaient groupés le maréchal de Mac-Mahon, le général Fleury, le général Castelnau, le colonel Reille et tous les officiers de sa Maison.

» Aussitôt que cette fantasia fut terminée, un nuage de poussière se forma à l'extrémité de la plaine ; c'était une caravane en marche : les chameaux portant les palanquins renfermant les femmes défilaient lentement, escortés par les fantassins armés en guerre; les djeliba, troupeaux de moutons, suivaient, dirigés par les pâtres presque nus, et la marche était fermée par quelques cavaliers, gardiens des trésors de la tribu nomade. A peine la caravane eut-elle dépassé la hauteur de la tente impériale, que de grands cris éclatèrent dans l'air et un goum en incursion fondit sur la proie facile pour la *razen*. Alors eut lieu un spectacle étrange, que le pinceau seul est apte à reproduire, une mêlée pittoresque dans laquelle se confondaient assaillants et assaillis, et que vint compléter l'arrivée des guerriers de la tribu attaquée.

» Ce spectacle intéressa vivement Sa Majesté. Aussitôt que ce simulacre de razzia fut terminé, une scène plus patriarcale eut lieu; les Arabes vinrent en grande pompe présenter la *diffa* au Souverain; plus de cent Arabes, portant des plats en bois de hêtre pleins de couscous et des moutons rôtis embrochés à de longues perches, vinrent se placer devant l'Empereur et lui offrirent l'hospitalité. Sa Majesté daigna accepter ce symbole de soumission en faisant transporter sous sa tente un plat de cousscoussou. »

Après avoir pris quelques heures de repos, Sa Majesté remonta en voiture et continua sa route vers

Bathna, où Elle fit son entrée à six heures du soir.
Cette ville, de création française, ne date que de
1844 ; elle fut fondée à la suite de l'expédition de
Biskara, en même temps que le fort qui la protége et qui
commande la route du Sud, ainsi que les montagnes
de l'Aurès et du Bélezma. L'accueil fait à l'Empereur
par la colonie naissante fut d'autant plus enthousiaste
qu'elle n'osait pas espérer une aussi auguste visite.

Le 31 mai, Sa Majesté quitta Bathna avant le jour,
afin d'éviter la trop grande chaleur, et Elle prit la
route de Biskara. Le pays ne change pas d'aspect,
c'est toujours la même nature tour à tour aride ou
fertile, selon que l'eau manque ou abonde. Mais un
changement subit s'opère quand la route s'éloigne
des bas-fonds rocheux qu'elle traverse pour s'engager
dans un col qui va sans cesse se rétrécissant. Cette
route se développe alors en corniche au-dessus
de l'oued Kantara, cours d'eau rapide et torrentiel
qui, après avoir creusé la paroi du rocher, dans
lequel il coule avec une effrayante rapidité, va
fertiliser l'oasis d'El-Kantara.

Mais laissons parler ici l'érudit et spirituel correspondant du *Moniteur*, sans rien changer à son intéressant récit. « En quittant Bathna, dit-il, on traverse

des bassins successifs formés par une ligne de crêtes
qui rattachent le Djebel-Tougourt aux contreforts de
l'Aurès. C'est une débauche de rochers et de sites
titanesques dont le col est l'expression imposante :
qu'on se figure un défilé encaissé entre deux rochers
gigantesques dont les sommets se découpent bizarre-
ment sur le ciel bleu. La végétation ne paraît nulle
part, c'est le désordre et l'aridité du chaos, on sent
que la nature en convulsion a laissé là une œuvre
inachevée.

» La montagne s'ouvre comme si un artisan gigan-
tesque en avait coupé une tranche. Aussi, les Arabes,
dont l'imagination n'a pas besoin d'être excitée par
les grands spectacles de l'œuvre de Dieu, ont-ils
trouvé une légende fantastique pour expliquer ce
phénomène :

» A l'époque de foi où les cohortes victorieuses des
musulmans étaient précédées par les anges noirs
armés de glaives de feu qui chassèrent Adam et Eve
du Paradies terrestre, un brave guerrier grièvement
blessé fut laissé par les Djouad aux pieds des rochers
d'El-Kantara, sous la garde d'un ange noir. Le soldat
était dévoré par la soif; il se tourna vers l'esclave
de Dieu :

» — A boire ! lui dit-il.

» L'ange se tourna vers la montagne, étendit son bras armé de l'épée infernale, dont la lame s'allongea jusqu'au sommet de la montagne, et trancha la montagne sur deux lignes parallèles. Aussitôt la partie détachée s'ébranla et vint rouler dans la plaine en livrant passage à la rivière. L'ange noir plongea dans l'eau limpide sa main qui se creusa comme un vase profond, et étancha la soif du blessé qui s'endormit instantanément. Lorsque le guerrier s'éveilla, il se tourna vers l'ange et lui dit : « — J'ai faim ! »

» L'esclave de Dieu nivela la terre d'un coup de son épée de feu, et par la puissance divine l'oasis actuelle surgit chargée d'arbres fruitiers de toutes sortes. Le palmier incliné qui est près de la Koubba se pencha vers le blessé, qui put, en allongeant le bras, cueillir des dattes dorées comme on décroche les boucles d'oreilles de la fiancée aimée. C'est ainsi que Dieu pourvoit aux besoins d'un défenseur de la foi. Il convertit à la croyance de Mahomet les Bédouins de la contrée, avec lesquels il s'allia et sa postérité peupla l'oasis. Quant à l'ange noir, il dort dans un coin inconnu de l'oasis, et il ne se réveillera que lorsque la foi en danger exigera la fermeture du col de Kantara.

» L'ange qui avait probablement des moyens sur-
naturels de traverser le gouffre avait négligé d'y
jeter un pont; heureusement que les Romains, qui
étaient passés avant lui dans ce défilé qu'ils appelaient,
je crois, *calceus Herculis*, talon d'Hercule, avaient
eu cette précaution. C'est ainsi que la fable tombe
devant l'histoire. »

En sortant de l'oasis d'El-Kantara, dont l'écrivain
que nous venons de citer renonce à faire la description, parce que le pinceau le plus habile aurait de la
peine à reproduire ce fouillis de verdure et à détail-
ler cette végétation désordonnée « c'est, dit-il, un
enchevêtrement inextricable de palmiers, de cognas-
siers, d'abricotiers sous lesquels sussurent les canaux
d'irrigation. Les mots manquent pour décrire ce site
enchanteur qui forme un contraste inattendu avec les
rochers arides qui l'entourent. » Sa Majesté s'est
arrêtée quelques heures sous ces délicieux ombrages,
entourée par la population des trois villages qui s'é-
lèvent sur ce coin de terre béni de Dieu, comme
disent les Arabes, et elle poursuivit sa route, traversant des dunes de sables avant d'atteindre le Djebel-
Ghezal, dont les hauteurs séparent la plaine d'Outaïa
des déserts du Sahara.

Biskara apparaît alors, semblable à un point noir au milieu de cette immensité aride, tourmentée d'ondulations comme une mer agitée. Le cortége impérial descendit la rampe rapide du Djebel-Ghezal et ne s'arrêta que sous un arc de triomphe dressé à l'entrée de la ville par ces pauvres habitants du désert, qui reçurent Napoléon III avec les marques du plus grand enthousiasme. Il n'en pouvait être autrement, car la proclamation que l'Empereur adressa au peuple arabe en mettant le pied sur le sol africain eut un immense écho dans les tribus, dans les douars les plus reculés; les Sahariens la connaissaient, elle était depuis plusieurs semaines déjà affichée dans Biskara, et ils avaient reçu comme une promesse de paix, de protection et de prospérité la parole du Souverain hardi qui, dans sa sollicitude pour le peuple qu'il gouverne, ne craignait pas d'affronter à travers le sol aride du Sahara les fatigues d'une course devant laquelle reculent souvent les plus robustes nomades, et que nos braves soldats ne font qu'avec les pénibles efforts qu'on est toujours certain d'obtenir de leur dévouement.

A toutes les époques, Biskara fut un point fort important. C'est par cette ville, placée aux portes du désert, que Constantine reçoit les produits du Sahara et du Soudan.

L'Empereur fit son entrée dans la capitale des oasis du Zab entre six et sept heures du soir. Il y fut reçu par le commandant Forgemol, qui présenta à Sa Majesté les nombreux chefs arabes du Sud et les députations des tribus ayant fait jusqu'à soixante et même quatre-vingts lieues pour venir saluer le Sultan.

C'est au milieu de ce cortége de cavaliers, incomparables par l'originalité et la richesse de leurs costumes, et aux acclamations frénétiques de trente mille Arabes venus des contrées les plus lointaines que Napoléon III fit son entrée dans Biskara.

Les heureux témoins de cette scène unique, incomparable, nous ont affirmé qu'il serait impossible de faire partager à ceux qui n'ont pas vu ce pays, l'étonnement et l'admiration qui saisissent l'esprit lorsque, après un parcours de cent vingt kilomètres à travers le pays rocheux, aride et désolé que nous venons d'essayer de décrire, l'on aperçoit tout à coup, comme une île verdoyante au milieu d'une mer de sable, cette magnifique oasis de 150,000 palmiers.

Ces plantations tendent chaque jour à s'accroître dans ces contrées depuis que, sur l'iniative de M. le général Desvaux, alors commandant de la province de Constantine, de nombreux puits artésiens ont été creusés par les soldats français; les officiers, directeurs de ces ateliers de sondage, sont regardés comme les bienfaiteurs du pays, ainsi que les soldats qui les ont si bien secondés.

Le correspondant du *Moniteur* dit que « rien ne saurait peindre l'impression produite par ces gerbes d'eau qui vont porter la fertilité et la vie dans ces sables arides. Dans plusieurs localités les nappes donnent un débit de 4,000 litres par minute, et grâce à cette eau bénie, ainsi que disent les Arabes, les palmiers poussent ainsi que par enchantement, les jardins sortent de terre, les légumes, la garance se multiplient et les oasis se joignent les unes aux autres. En cinq ans, depuis le mois de juin 1856 jusqu'à la fin de 1861, il a été dépensé 300,000 fr. pour ces travaux. Ces fonds provenaient des centimes additionnels à l'impôt arabe ou des cotisations volontaires des indigènes. Cinquante fontaines artésiennes ont été forées dans l'oued R'ir et le Sahara oriental : elles donnent 36,761 litres d'eau par minute ou 52,935 mètres cubes par vingt-quatre heures; dans l'oued R'ir 30,000 palmiers, 1,000 arbres fruitiers ont été plantés dans 1,047 jardins nouveaux, et deux villages ont été créés dans les solitudes du Sahara. »

Le 1er juin, l'Empereur quitta Biskara, et après une longue journée de marche très-fatigante, il est arrivé à Bathna un peu après six heures. Sa Majesté y fit séjour, et profita de la journée du 2 pour aller visiter Lambessa, cette cité qui fut bâtie par la troisième légion d'Auguste. Avant de quitter définitivement Bathna, l'Empereur décora M. Chassaing, le tueur de lions.

Le 3 juin, à huit heures du matin, Sa Majesté se mit en route pour Constantine. Pendant le trajet, l'Empereur remarqua un jeune sous-lieutenant de spahis indigène dont la bonne tenue à cheval et la tournure élégante le frappa. Sa Majesté demanda son nom. C'était M. Mohammed-ben-Dris. L'Empereur apprit que ce jeune homme était élève de l'école arabe-française de Biskara, qu'il sollicitait du ministre de la guerre l'autorisation nécessaire pour épouser, devant l'officier de l'état civil, une jeune fille arabe également élevée à la française, mais que le défaut de la dot réglementaire empêchait le ministre d'accorder la permission demandée. Sa Majesté promit gracieusement au jeune sous-lieutenant de doter sa fiancée sur sa cassette. En effet, dès son retour à Constantine, l'Empereur mit cet officier en mesure de présenter la dot exigée par les règlements.

Napoléon III arriva vers cinq heures de l'après-midi à Constantine escortée des gentlemen de la ville, tous en habit noir, chapeau rond, cravate blanche, gants blancs, et montés sur de beaux chevaux arabes. Ils étaient allés attendre leur Souverain à six kilomètres de la cité pour lui demander la permission de former un escadron d'honneur, ce que Sa Majesté leur accorda gracieusement.

L'Empereur fut très-sensible à cette manifestation de la population civile. Il congédia les spahis qui formaient son escorte, et qui, en précédant alors Sa Majesté, ouvraient pour ainsi dire la marche de son cortége. Toute la population était sur pied, et Sa Majesté fut acclamée si chaleureusement qu'il était facile de voir qu'Elle était véritablement émue de cette manifestation enthousiaste.

Le voyage de l'Empereur dans cette partie de l'Algérie fut une véritable marche triomphale, dont l'image restera à jamais gravée dans la mémoire de ceux qui en ont été témoins. Elle passera un jour à l'état légendaire parmi les indigènes, surtout dans les contrées sahariennes, car au moment où Napoléon III rentrait dans Constantine, les dépêches ci-après se croisaient sur le fil électrique de Biskara :

« Une souscription s'organise à Constantine pour » élever un monument au point extrême du désert » où Sa Majesté sera parvenue. Prière de relever » exactement le point et de le marquer par une » pierre. »

Si-Mohamed ben S'rir répondait :

« Nous applaudissons plus que tous autres à votre » projet. Tout le monde ici souscrira. Nous avons » marqué l'endroit où l'Empereur s'est arrêté. »

La journée du dimanche 4 juin fut consacrée par l'Empereur à étudier l'état de la province. Sa Majesté ne quitta un instant son cabinet de travail que pour aller entendre la messe au milieu d'un cortége formé par la population entière.

Le soir, l'orphéon de Constantine se fit entendre dans les cours du palais, et la ville, resplendissante de lumières, retentissait des cris joyeux de la population qui faisait ses adieux au Souverain dont le départ était fixé au lendemain.

Le 5 au matin, en effet, l'Empereur quitta la Cyrta régénérée entouré d'Arabes et d'Européens qui se pressaient sous ses pas et l'accompagnèrent jusqu'à la Maison-Blanche, située sur le bord du Rummel et au bas de la rampe de Constantine, c'est-à-dire pendant un parcours de cinq à six kilomètres.

La route jusqu'à Philippeville se fit sans autres incidents que les acclamations continuelles des Arabes qui étaient venus saluer Sa Majesté. Au moment d'entrer en ville, le cortége impérial fut arrêté par les ouvriers forestiers, ayant à leur tête M. Lambert, inspecteur des forêts, qui eut l'honneur d'adresser au chef de l'État un discours qui fut couvert d'applaudissements par les Européens et les Kabyles employés à ces travaux. L'intérêt forestier, tout à fait secondaire dans les] provinces d'Alger et d'Oran, est prédominant dans celle de Constantine, qui renferme près de trois cent mille hectares de forêts de chênes-liége, dont la moitié environ est déjà exploitée par des sociétés fermières. Aussi l'Empereur s'informa-t-il gracieusement de la situation de ces exploitations si dignes d'intérêt, et dont l'avenir promet d'immenses richesses à ces contrées.

Sa Majesté ne fit que traverser Philippeville et se

dirigea sur Stora, qui est le port de cette ville, comme Mers-el-Kebir est le port d'Oran. Vers cinq heures et demie, l'Empereur s'embarqua sur l'*Aigle*, et le mardi 6, à huit heures du matin, il était dans la rade de Bône.

Là, Napoléon III reçut à bord de son yacht le prince Si Taïel, envoyé comme ambassadeur par son frère, le bey de Tunis, pour complimenter Sa Majesté. Mgr Hutter, évêque de Tunis, fut également admis auprès de l'Empereur, qui après s'être entretenu avec le prince et le prélat, daigna les inviter à s'asseoir à sa table avec les personnes qui formaient leur suite.

A midi, l'Empereur se rendit en ville pour y recevoir les autorités, s'enquérir des besoins de la population et des mesures projetées pour les satisfaire. La ville de Bône, l'une des plus jolies cités algériennes, s'était coquettement parée pour recevoir son Souverain. Près de la porte de la Marine, se trouvait un arc de triomphe en liége brut élevé par MM. Berthon et Lecoq, concessionnaires de la forêt de l'Edough. Aux quatre coins de la place d'armes, s'élevaient quatre autres arcs de triomphe érigés par la population indigène, par les Maltais, par les israëlites et par les corailleurs. Sa Majesté distribua des récompenses et n'oublia pas les colons ; elle décora de sa propre main M. Nicolas, que l'on considère avec justice comme la personnification du colon probe, actif et intelligent. L'Empereur parcourut la ville, se dirigea ensuite sur Hippone, visita les mines de l'Alélick, d'Aïn-Mokra, non loin du lac de Fezzara, et retourna à bord de l'*Aigle* qui leva l'ancre vers cinq heures du soir.

Le 7 juin, à sept heures du matin, l'escadre impériale entrait dans la magnifique rade de Bougie, la plus belle, la plus vaste et la plus sûre de toute la côte algérienne. Moyennant une dépense d'environ trente millions qui pourrait être répartie sur six exercices, M. Lieussou, le savant ingénieur hydrographe auquel nous avons consacré quelques mots de regrets, avait proposé de faire du port de Bougie l'un des plus beaux établissements maritimes du monde et inaccessibles aux flottes les plus redoutables.

La ville est assise sur la pente du Gouraya, montagne qui s'élève à 1,800 mètres au-dessus de la mer. A l'est de la ville, s'ouvre la vallée de l'oued Summam. C'est là, sur les bords de la mer, que se trouvait l'armée, forte de quinze mille hommes,

qui venait d'opérer daus les Babors sous les
ordres de M. le général Périgot. A huit heures,
l'Empereur, accompagné du duc de Magenta, des
généraux Fleury et Castelnau, du colonel Reille et de
tout son état-major, mit pied à terre, fut reçu par le
colonel Bonvalet, commandant du cercle, traversa la
ville de Bougie qui fut tour à tour carthaginoise,
romaine, vandale, moresque, espagnole, herbère, et
qui est aujourd'hui française, puis se dirigea vers
l'armée expéditionnaire, qu'il passa en revue.

De la tente où se plaça l'Empereur pour le défilé de
ces braves soldats bronzés par le soleil, hâlés par la
victoire, couverts de poussière et marchant fière-
ment en acclamant leur Souverain, Sa Majesté aper-
cevait la flotte cuirassée à si petite distance que les
deux panoramas semblaient se confondre. L'Empereur fut émerveillé de ce splendide spectacle et de la
richesse de cet incomparable pays ; aussi témoigna-t-
il à plusieurs reprises son admiration et le bonheur
qu'il éprouvait, en terminant son voyage, d'emporter
un si merveilleux souvenir.

Sa Majesté distribua à l'armée les récompenses si
bien méritées par la pénible campagne qu'elle venait
de faire, puis Elle retourna à bord de l'*Aigle*, et

daigna recevoir à sa table le général Périgot, tous les généraux et colonels commandant les brigades, ainsi que le colonel Bonvalet, commandant le cercle de Bougie. Pendant la journée, Sa Majesté fit embarquer sur la flotte 3,000 hommes d'infanterie devenus inutiles en Algérie après la pacification générale des Babors et de ces riches contrées.

Avant de quitter le rivage africain, l'Empereur consacra l'après-midi à étudier les besoins de cette partie de nos possessions, puis il adressa à cette incomparable armée d'Afrique la proclamation suivante, qu'il avait rédigée quelques heures avant d quitter Constantine :

« Soldats de l'armée d'Afrique,

» Je veux, avant de retourner en France, vous » remercier de vos travaux et de vos fatigues. En » visitant tous ces lieux paisibles aujourd'hui, mais » témoins depuis trente-cinq ans de luttes héroïques, » j'ai ressenti une vive émotion sur cette terre con- » quise par vos devanciers et par vous, où se sont » formés ces généraux illustres et ces soldats intré- » pides qui ont porté nos aigles glorieuses dans » toutes les parties du monde. L'Afrique a été une » grande école pour l'éducation du soldat. Il y a » acquis ces mâles vertus qui font la gloire de nos

» armes et sont les plus fermes appuis d'un empire,
» en apprenant à affronter le danger, à supporter les
» privations, à mettre l'honneur et le devoir au-des-
» sus de toutes les jouissances matérielles. Il a senti
» son âme s'ouvrir à tous les nobles sentiments.
» Aussi, jamais dans vos rangs la colère n'a survécu
» à la lutte. Parmi vous, aucune haine contre l'en-
» nemi vaincu, aucun désir de s'enrichir de ses
» dépouilles. Vous êtes les premiers à tendre aux
» Arabes égarés une main amie et à vouloir qu'ils
» soient traités avec générosité et justice, comme fai-
» sant partie désormais de la grande famille fran-
» çaise.

» Honneur soit donc rendu à ceux qui ont versé
» leur sang sur cette terre, dont la possession depuis
» tant de siècles a été disputée par tant de races
» différentes !

» Soldats de Staouëli, de Mouzaïa, de Constantine,
» de Mazagran, d'Isly, de Zaatcha, comme vous tous
» qui venez de combattre dans les plaines arides du
» désert, ou sur les cimes presque inaccessibles de
» la Kabylie, vous avez bien mérité de la patrie, et
» par ma voix la France vous remercie. »

Les habitants malheureux de la province de Constantine ne furent pas moins bien traités que ceux des deux autres provinces dans la répartition des bienfaits de l'Empereur.

Sa Majesté consacra des sommes considérables à faire des dons aux établissements de bienfaisance, aux Sociétés de secours mutuels et à venir en aide aux familles nécessiteuses.

Le 9 juin, à cinq heures et demie du matin, l'*Aigle*, suivi de la *Reine-Hortense*, entrait dans le port de Toulon. Un instant après Napoléon III débarquait, accompagné du général Fleury, de son état-major et de tous les officiers de sa Maison.

Avant de se rendre au chemin de fer, l'Empereur alla visiter le *Taureau* et le *Marengo* sur cale. Malgré le strict incognito que Sa Majesté avait désiré garder, Elle a été accompagnée depuis l'arsenal jusqu'à la gare par les acclamations d'une foule enthousiaste qui se pressait sur son passage.

Sa Majesté se dirigea ensuite vers la gare du chemin de fer, et, sans perdre un instant, le train impérial partit à toute vapeur ; à quatre heures et demie, il traversait Lyon, et le samedi 10 juin, à cinq heures cinq minutes du soir, il entrait dans la gare de Paris.

Dès la veille, S. M. l'Impératrice-Régente et

S. A. le Prince Impérial, accompagnés de M. le général de Toulongeon, aide de camp de l'Empereur, d'une dame d'honneur, et de M. le comte de Cossé-Brissac, chambellan, s'étaient rendus à Fontainebleau, où ils passèrent la nuit.

Le lendemain, lorsque le télégraphe de Montereau eut signalé l'arrivée du train impérial à cette gare, l'Impératrice et le jeune Prince quittèrent le palais de Fontainebleau pour aller attendre l'Empereur à la gare d'Avron.

Sa Majesté était en uniforme de général de division, et bien qu'un peu brunie par le soleil d'Afrique, Elle jouissait d'une santé parfaite. L'Impératrice et le Prince Impérial prirent place dans le wagon de l'Empereur, et le train se remit aussitôt en marche. Il se composait de quatre voitures de première classe, indépendamment du wagon de l'Empereur, et de quatre fourgons.

M. Talabot, député du Gard et directeur général du magnifique réseau de la Méditerranée, était allé recevoir l'Empereur à Toulon et se trouvait dans le wagon de l'Empereur.

Leurs Majestés et Son Altesse Impériale furent reçues, à leur arrivée en gare, par une députation du conseil d'administration de la Compagnie du chemin de fer. Elle se composait de MM. Dumon, ancien ministre, président; Alfred Le Roux, vice-président du Corps législatif; Gouin, Émile Martin, Hochet et le baron Gustave de Rothschild, administrateurs.

MM. le baron Haussmann, préfet de la Seine, le maréchal Regnaud de Saint-Jean-d'Angély, M. Boittelle, préfet de police, et deux officiers de service du palais des Tuileries, ainsi que M. le général Mellinet, attendaient Leurs Majestés à la gare.

Après s'être entretenu avec M. le maréchal Regnaud de Saint-Jean-d'Angély, l'Empereur monta dans une voiture découverte, conduite à la Daumont, avec l'Impératrice et le Prince Impérial. M. le général de division Fleury était en face de Leurs Majestés.

Les personnes de la suite occupaient quatre voitures également conduites à la Daumont.

Un escadron des cent-gardes, un bataillon de voltigeurs de la garde et la musique étaient dans la gare. La musique exécuta l'air toujours charmant de la *Reine Hortense* au moment où Leurs Majestés mirent pied à terre.

En dehors de la gare se trouvaient d'autres corps de troupes de la garde impériale.

La foule était immense, la gare et les maisons étaient pavoisées. Partout l'Empereur fut salué des plus vives acclamations. Le soir, tout Paris fut illuminée.

Ainsi se termina le second voyage de Napoléon III en Algérie. Il dura quarante-trois jours; mais, cette fois, l'Empereur put tout voir, tout examiner par lui-même. Espérons donc que les impressions recueillies par Sa Majesté produiront d'heureux résultats dans nos belles possessions.

Pour se rendre un compte exact de l'activité déployée par l'Empereur pendant ce voyage, il est nécessaire de connaître les distances kilométriques parcourues par Sa Majesté dans la colonie, ainsi que la topographie des lieux.

Nous ferons remarquer que les distances parcourues l'ont été presque toutes en voitures, la ligne de chemin de fer qui existe en Algérie n'ayant encore qu'une longueur de 48 kilomètres.

Voici, d'après le *Moniteur de l'Algérie*, quel est, avec l'indication des distances, l'itinéraire suivi par l'Empereur.

Alger à El-Biar, Chéragas, Staouëli, Sidi-Ferruch, Guyotville, Saint-Eugène, et retour à Alger, 54;

Alger à Boulfarick, Oued-el-Aleug, Koléah, et retour à Alger, 91 ; Alger à Milianah, 125 ; Milianah à Alger, par Marengo, Bourkika et Blidah, 137 ; Alger à Blidah et Médéah, 90 ; Médéah à Alger, 90 ; Alger à Oran (par mer), 288 ; Oran à la Sénia, Misserghin, et retour à Oran, 34 ; Oran, Sidi-bel-Abbès, par le Tlélat, 85 ; Sidi-bel-Abbès à Oran, 85 ; Oran à Saint-Denis-du-Sig, 53 ; Saint-Denis-du-Sig à Oran, 53 ; Oran à Mostaganem, 79 ; Mostaganem à Relizane, 59 ; Relizane à Mostaganem, 59 ; Mostaganem à Alger (par mer), 224 ; Alger à Fort-Napoléon, 131 ; Fort-Napoléon à Alger, 131 ; Alger à Philippeville (par mer), 280 ; Philippeville à Constantine, 85 ; Constantine à Biskara, 232 ; Biskara à Bathna, 115 ; Bathna à Lambessa, 10 ; Lambessa à Bathna, 10 ; Bathna à Constantine, 117 ; Constantine à Philippeville, 85 ; Philippeville à Bône (par mer), 74 ; Bône à Bougie (par mer), 208 ; soit au total 3,084 kilomètres.

Dans ce chiffre de 3,084 kilomètres ne sont pas comprises les distances parcourues par l'Empereur dans ses promenades ou excursions autour des villes dans lesquelles Sa Majesté a séjourné.

Si l'on ajoute le nombre de kilomètres ou lieues marines séparant le littoral algérien de la métropole, et la distance jusqu'à Paris, nous avons: Paris à Marseille 857; Marseille à Palma et Palma à Alger 850; Bougie à Toulon 800; Toulon à Paris 600; en tout 3,407; ce qui donne pour l'ensemble du voyage un total général de 6,491 kilomètres.

Nous ne croyons pas qu'il existe un autre exemple d'une aussi grande distance parcourue par un souverain en aussi peu de temps et dans des conditions semblables.

Sa Majesté l'Impératrice-Régente, avant de déposer entre les mains de son auguste époux les pouvoirs qu'elle tenait des lettres-patentes du 26 avril précédent, a voulu laisser à la presse un souvenir gracieux de sa régence.

La veille de l'arrivée de l'Empereur, le *Moniteur* contenait le décret suivant, contresigné par M. le marquis de La Vallette, ministre de l'intérieur :

« Napoléon,

» Par la grâce de Dieu et la volonté nationale, empereur des Français,

» A tous présents et à venir, salut :

» Sur la proposition de notre ministre de l'intérieur,

» Avons décrété et décrétons ce qui suit :

» Art. 1ᵉʳ. Les avertissements donnés jusqu'à ce jour aux feuilles périodiques de Paris et des départements, en vertu du décret organique du 17 février 1852 et de la loi modificative du 2 juillet 1861, sont considérés comme nuls et non avenus.

» Art. 2. Notre ministre de l'intérieur est chargé de l'exécution du présent décret.

» Fait au palais des Tuileries, le 8 juin 1865.

» Pour l'Empereur,

» Et en vertu des pouvoirs qu'Il Nous a confiés,

» EUGÉNIE. »

Ce décret de notre souveraine fut accueilli avec un véritable sentiment de reconnaissance par tous les journaux qu'il allégeait de leurs plus gros péchés.

Le même jour, Sa Majesté l'Impératrice accorda la décoration de la Légion d'honneur à Mˡˡᵉ Rosa Bonheur, qui eut pour maître dans l'art de peindre son propre père, Raymond Bonheur, mort il y a douze ans.

Mˡˡᵉ Rosa Bonheur débuta au salon de 1841. On sait que cet habile artiste excelle dans le paysage et dans la peinture des animaux; parmi celles de ses nombreuses toiles qui se distinguent par la vigueur du dessin et le grand caractère de la composition, on cite surtout la *Fenaison*, le *Labourage* et le *Marché aux chevaux*, ce grand succès de l'Exposition de 1853.

Le 9 juin, en se rendant à Fontainebleau, S. M. l'Impératrice alla faire une visite à l'illustre artiste à laquelle elle venait, comme Régente, d'accorder la croix d'honneur.

De son côté, le Prince Impérial se révélait comme sculpteur pendant que l'Empereur voyageait en Algérie. Sous la direction de M. Carpeaux, les doigts délicats du jeune Prince produisirent trois œuvres, sinon parfaites, du moins déjà remarquables. La première est un lancier à cheval; les autres sont deux bustes, celui de M. Monnier, précepteur du Prince, et celui de l'Empereur, que Son Altesse Impériale présenta à son auguste père à son retour aux Tuileries.

Avant de se rendre en Algérie, l'Empereur avait fait préparer un projet de sénatus-consulte, dont l'objet est de déterminer les conditions auxquelles les étrangers pourront acquérir la naturalisation dans cette colonie.

Le rapport que M. le vice-président Delangle a soumis au Sénat, pour s'éclairer sur la portée de ce

sénatus-consulte, a fait ressortir avec une remarquable lucidité toutes les raisons qui ont déterminé
la commission nommée par cette haute assemblée à
donner à l'œuvre du gouvernement un plein assenti-
ment.

Après avoir exposé succinctement l'objet du sénatus-consulte, M. Delangle dit : « Tout le monde sait
ce qu'il y a eu d'accidentel dans l'événement qui a fait
tomber sous notre empire d'Afrique septentrionale;
c'est un point d'honneur qui a porté nos armes sur la
plage d'Afrique; c'est un point d'honneur qui les y
a retenues et disséminées sur 200 lieues de territoire.
Mais aucun projet de conquête, aucune espérance de
profit n'avait germé dans l'esprit de ceux qui diri-
gèrent la première expédition et en recueillirent les
fruits.

» Ce qu'on ferait du territoire conquis, si on le
garderait, ou si, après avoir tiré des pirates de la
régence une éclatante revanche, on l'abandonnerait,
ce problème était indécis.

» Par un sentiment de générosité exagéré peut-être,
et qui devait, selon le parti qu'on adopterait, créer
de grands embarras, le vainqueur avait déclaré spontanément et sans qu'aucune nécessité de guerre l'y

contraignît, que non-seulement l'exercice de la religion mahométane resterait libre, mais que la liberté
des habitants de toutes classes, leur religion, leurs
propriétés, leur commerce, leur industrie, ne rece-
vraient aucune atteinte.

» C'était donc une conquête purement politique que
la France entendait faire, et non une prise de possession du sol.

» Un nouveau souverain était proclamé. Les propriétés ne changeaient pas de main. Or la conquête,
ainsi entendue, en fallait-il espérer de suffisantes
compensations pour ce qu'elle avait coûté et pour ce
qu'elle devait coûter encore?

» Dès le premier jour, en effet, il était évident que
si l'on voulait se fixer en Afrique, la prise d'Alger et
du littoral n'étaient pas des faits décisifs : les esprits
fermes et à longue vue comprenaient qu'il fallait
aller en avant et s'emparer du pays. A leurs yeux, la
conquête effective de l'Algérie était la condition d'un
établissement solide à Alger et sur la côte. Le premier agent de la colonisation et du progrès est la
domination et la sécurité qu'elle produit. »

M. Delangle dit quelques mots sur les incertitudes
des gouvernements qui se sont succédé en France à

propos de la conduite à suivre pour tirer parti de la conquête, puis il continue ainsi : « Il suffit, pour l'appréciation du projet de loi dont le Sénat est saisi, de constater que si la conquête a été laborieuse, il n'y en a jamais eu de plus prompte, de plus humaine et de plus complète. Il n'a fallu qu'un quart de siècle à la France pour s'établir sur un immense territoire.

» Cependant, en France, la foule éblouie par le prestige d'une possession lointaine, par pressentiment peut-être, avait hâte de se transporter sur le territoire de la nouvelle conquête; l'idée de la colonisation s'emparait des esprits; on se rappelait que l'histoire avait qualifié l'Afrique : le grenier du monde. — On y rêvait des fortunes brillantes et faciles.

» C'est une vérité consacrée par l'expérience de tous les temps que toutes les colonies qui ont réussi ne se sont fondées que lentement, à travers de pénibles efforts, de cruelles souffrances, et des alternatives répétées de luttes et de repos, de progrès et de langueur. « L'épée marche vite, » disait le maréchal Bugeaud; la colonisation est lente de sa nature.

» Les colons d'Afrique devaient l'apprendre à leurs dépens. Que d'obstacles, en effet, reunis sous leurs pas. Le sol d'Afrique auquel, en quittant leur patrie, leur imagination prêtait une fertilité exceptionnelle, ils le trouvaient réduit à une sorte de stérilité par les détestables procédés de culture pratiqués par les indigènes. Il fallait, pour en tirer profit, le renouveler en quelque sorte.

» Faudrait-il énumérer les difficultés de la vie, du commerce, de l'industrie, au milieu d'une population animée d'une implacable rancune, poussée par sa religion même aux plus condamnables violences envers les vainqueurs, les difficultés non moins grandes suscitées à la colonisation par l'absence de plans arrêtés par l'administration ? Ces détails n'auraient d'autre résultat que de ranimer le souvenir d'amères déceptions. Il les faut laisser à l'oubli.

» Mais enfin le temps qui use tout (*tempus edax*) faisait sont œuvre. La France, avec la prompte et forte vertu d'assimilation à laquelle elle a dû sa puissance, attirait insensiblement les esprits et les intérêts ; sans combler les abîmes que creusent entre le musulman et le Français la diversité des principes et l'opposition des croyances, la nécessité des communications opérait des rapprochements. La soumission à l'autorité française devenait plus facile. Il y a dans la civilisation des séductions auxquelles ne résistent pas les natures les plus intraitables.

» Ajoutons pour l'éternel honneur de la France que sa domination directe ne se manifestait que par des bienfaits chaque jour renouvelés. Elle ouvrait des routes et creusait des canaux ; les rivières étaient disciplinées, les marais desséchés, les villes étaient assainies et embellies, les ports améliorés. Des sources abondantes jaillissaient du rocher. Partout où se montrait sa main, elle y laissait la trace d'un service.

» Ainsi le laboureur, qui ne tirait de sa terre que de l'huile, du blé, des troupeaux, apprenait que sous l'influence d'un soleil bienfaisant les plantes les plus précieuses pouvaient s'acclimater en Afrique, et qu'il pouvait tirer de son champ mieux cultivé le tabac, l'opium, la cochenille, le café, le thé, la soie, l'indigo, le coton, et, pour le guider dans ses essais, il trouvait le concours bienveillant de ses maîtres. L'intérêt assouplissait sa haine.

» Le changement était plus marqué chez l'habitant des villes qui devait à la domination nouvelle une sécurité qu'avant elle il n'avait jamais connue. Enfin, et c'est un résultat dont l'importance ne pouvait mériter trop d'attention, la jeunesse indigène en venait à sol-

liciter l'honneur de combattre sous les drapeaux français.

» Plus de 7,000 Algériens figuraient en 1854 dans
les cadres de l'armée d'Afrique. Les murs de Sébastopol ont été témoins de leur obéissance et de leur
valeur. A Solférino, ils ont contribué à la victoire,
et, depuis lors, quand de nouveaux régiments ont
été créés, on n'a pas éprouvé la moindre peine à en
faire la levée; ils se sont laissés transporter sans résistance sur les champs de bataille les plus éloignés,
et jamais le plus léger doute ne s'est élevé sur leur
fidélité au drapeau français.

» Qu'à de tels services soient dues des récompenses proportionnées à leur utilité, tout le monde le
comprend. Sans doute, au lendemain de la soumission des Arabes, à la veille de rébellions toujours pos-
sibles et toujours menaçantes, on ne pouvait songer à
leur octroyer le droit précieux de la nationalité française. Avec des populations aussi indépendantes et
aussi indociles, des précautions sont nécessaires, et
la première des précautions, c'est l'épreuve du
temps. »

Ici M. Delangle cite les principaux passages des
proclamations adressées par l'Empereur aux Euro-

péens et aux indigènes, lors de son dernier voyage en Algérie, et il reprend son rapport dans les termes suivants : « Les indigènes musulmans et israélites sont investis immédiatement des droits civils attribués aux Français. Désormais, sans qu'il arrive un acte de soumission quelconque, sans serment à prêter, sans condition aucune, ils sont Français.

» La France se montre à la foi libérale et confiante ; elle ne se borne pas à acquitter la dette d'un vainqueur généreux envers le vaincu. Elle escompte les espérances de l'avenir.

» Devenu Français, l'indigène musulman est admissible au service dans les armées de terre et de mer. Il suffit qu'il en manifeste le désir pour que les rangs lui soient ouverts. Le gouvernement a pensé, et il a eu raison, que de tous les moyens propres à hâter la fusion des races, le plus efficace sans contredit était la faculté offerte à une population essentiellement guerrière, de se mêler aux rangs d'une armée dos tesnpropres défaites lui ont révélé la vaillance.

» On ne saurait dire quels sacrifices de préjugés et de ressentiments, quand les causes en sont purement morales, peut conseiller à une jeunesse fière et emant sp-is e de la gloire, l'honneur de revê-

tir ces uniformes qui se sont illustrés partout où ils
se sont montrés, et de conquérir ces distinctions, ces
grades qui sont le but et la récompense de tant d'efforts. Et puis la vie des camps, en confondant dans
un centre commun les habitudes, les goûts, les sacrifices, est par elle-même un des éléments d'assimilation les plus féconds.

» Quelle dissemblance d'origine, de croyance, de
sentiment ne s'efface devant le souvenir des périls
qu'on a courus ensemble, des services fraternelle-
ment rendus, du sang versé pour la patrie commune,
de la gloire dont chacun a sa part noblement con-
quise? Et si vous ajoutez à ces considérations que
plus d'une expérience a vérifiées, l'humeur expansive
du soldat français, son caractère commode et sympathique, l'intelligence et l'activité de son esprit,
l'entrain continu de sa parole, peut-être n'hésiterez-
vous pas à reconnaître la vraisemblance des résultats
que le gouvernement attend de la résolution qu'il a
prise.

» Le Sénat n'a pas oublié qu'à cette première con-
cession il en joint une autre d'une égale importance.
En même temps qu'il est admissible au service militaire, le musulmau devient apte à remplir des

emplois et des fonctions civiles. La condition de l'indigène israélite est la même.

» Mais jusqu'où s'étendra la faculté qui leur est ouverte? Tous les grades dans l'armée, toutes les fonctions dans les carrières civiles seront-ils accessibles à leur ambition? L'art. 5 du sénatus-consulte remet au gouvernement la solution de ces questions; un règlement d'administration publique doit, comme vous l'avez entendu, déterminer les conditions d'admission, de service et d'avancement dans les armées.

» La commission émet le vœu que l'avancement soit accordé, non à l'ancienneté, mais au choix, et qu'il soit renfermé dans de prudentes limites; et en ce qui concerne les fonctions civiles, il va de soi que la marque de confiance donnée à ces nouveaux Français devra trouver sa restriction dans l'intérêt sagement apprécié de la France et de la colonie elle-même. Il y a des situations qui semblent ne pouvoir appartenir qu'à des hommes dont l'origine garantit le dévouement : car le dévouement à la patrie n'est pas pour les nationaux une vertu réfléchie. C'est pour ainsi dire la voix du sang.

» Du reste, si l'indigène devenu Français veut élargir le cercle des prérogatives qui lui sont acquises dès aujourd'hui ; s'il veut prendre aux affaires du pays une part plus directe et plus considérable, la loi proposée lui en fournit le moyen : il peut solliciter la qualité de citoyen. Le règlement d'administration publique réservé par l'art. 5 lui apprendra quelles conditions il doit remplir, quelles formes il doit suivre pour atteindre le but. « C'est la folie de tous » les conquérants, a dit Montesquieu, de vouloir don- » ner à tous les peuples leurs lois et leurs coutumes » et cela, ajoute-t-il, n'est bon à rien, car dans » toute sorte de gouvernement, on est capable « d'obéir. »

» Il est contre cet usage si fréquent dans le passé une raison meilleure peut-être; c'est que la même loi ne peut convenir à des nations d'origine et de mœurs différentes ; c'est que là dissemblance des esprits tels que les font l'éducation, le climat, le genre de vie, ne se peut accommoder à la même règle ; et que, pour ne pas glisser sur la pente de la tyrannie, il faut respecter les divergences que la nature et la Providence elle-même ont établies.

» La France n'a jamais manqué à ce devoir. Partout où elle a porté ses armes victorieuses, elle a laissé aux nations qu'elle a subjuguées le droit de conserver leurs lois, leur religion, leurs coutumes. C'était, comme vous l'avez vu, une des stipulations formelles de la capitulation qui livrait à l'armée française la régence d'Alger.

» La stipulation a été fidèlement et sincèrement exécutée. Eh bien, en devenant Français, les indigènes ne sont pas obligés d'abdiquer les statuts sous l'empire desquels ils ont vécu. Les lois qui régissent la famille, la propriété, les successions sont maintenues comme dans le passé. Mais s'ils jugent à propos de s'élever jusqu'à la qualité de citoyens, la situation change. Appelés à participer à toutes les prérogatives qui s'attachent à ce titre, à exercer à l'occasion une certaine part de la souveraineté, ils ne peuvent être dans d'autres conditions que les citoyens français avec lesquels ils se confondent. Ce sont désormais et les mêmes droits et les mêmes devoirs. La loi française devient le guide et la règle de tous ceux qui, par naissance ou par choix, y sont assujettis.

» Si donc du statut qu'ils ont abandonné, naissaient des droits ou des usages incompatibles avec la pudeur publique, avec la morale, avec le bon ordre des familles, ces droits sont anéantis. Il ne peut sur le sol de la patrie exister des citoyens ayant des droits contradictoires.

» Ainsi la religion musulmane autorise la polyga-
mie, la répudiation, le divorce. Il en est de même de
la religion juive. Il est bien entendu que l'exercice de
tels droits sera interdit à l'indigène devenu citoyen
français ; et que celui qui les pratiquerait après être
entré pleinement dans la vie française serait exposé
à l'action des lois édictées pour réprimer des faits de
cette nature. Le règlement d'administration publique
dont le gouvernement s'est réservé la rédaction ne
laissera, nous le pensons, aucun doute sur cette signification de la loi.

» Une seule chose restera et doit rester en dehors
de l'application des lois : c'est la question religieuse.
La loi française ne proclame pas de culte officiel ; elle
consacre, au contraire, la liberté de conscience comme
un droit naturel. La conscience ne relève pas des lois.
Il n'appartient pas aux gouvernements de la terre
d'exercer une domination sur les âmes. Il en est de
même de la liberté des cultes. La religion, — affaire
de croyance et non de volonté, — a son asile dans le
cœur ; et la loi ne saurait sans tyrannie se rendre
juge des rapports impénétrables de l'homme avec
Dieu.

» En devenant citoyen français, le musulman et le

juif resteront donc maîtres de leur culte, mais à la condition de se dégager des conséquences que réprouve la loi française.

» On s'est demandé, et non sans quelque anxiété, si le sénatus-consulte produirait le résultat qu'on semble en espérer, et si la possibilité de devenir citoyen français ne serait pas accueillie par la population musulmane avec indifférence. Il ne faut pas se faire d'illusions; elles ne servent à rien.

» Il est probable, car telle est l'expression de tous les hommes qui ont vu de près la population arabe, que la génération actuelle ne montrera pas un empressement égal à l'honneur qu'on lui veut faire de l'affilier à notre nation. C'est qu'en effet, il est des liens difficiles à rompre. On ne se dégage pas sans effort des préjugés qu'on a apportés en naissant, que l'âge et l'éducation ont fortifiés, que le point d'honneur ravive sans cesse, et que la défaite même a rendus pour les âmes fières, plus chers et plus sacrés. C'est du temps, de l'exemple, des conseils de l'intérêt personnel qu'il faut attendre le développement du principe que pose la loi.

» Le temps est un puissant auxiliaire de la civilisation. Les passions religieuses s'affaiblissent insensiblement, c'est la tendance de notre âge ; le fanatisme s'adoucit ; il se fera certainement un amalgame des coutumes natales et des inspirations qui naissent du contact des Français ; et peut-être n'est-il pas loin le moment où une population chez qui le sentiment de l'honneur est ardent, ressentira un légitime orgueil à partager sans restriction les destinées d'une nation qui tient dans le monde civilisé une si grande place.

» Mais en supposant que ce ne soit là qu'une illusion quant aux Arabes, on peut affirmer d'avance que les plus riches et les plus considérés parmi les israélites se montreront impatients de pénétrer dans la voie qui leur est ouverte.

» Avant la conquête d'Alger par l'armée française, la situation des juifs dans la régence était une situation précaire, humiliée, misérable, et, comme il n'arrive que trop aux nations longtemps opprimées, la trace de cet abaissement n'est peut-être pas encore complétement effacée. C'est le plus funeste effet de la servitude de dégrader l'esprit et de l'accoutumer à l'abjection. Les israélites ont trouvé dans l'administration et dans l'armée des protecteurs énergiques. La liberté de leurs mouvements et la sécurité leur ont été rendues. Ils s'en sont montrés reconnaissants, et parmi les illustres capitaines qui ont commandé les armées d'Afrique et que le Sénat compte aujourd'hui dans ses rangs, il n'en est aucun qui ne témoigne que, dans l'occasion, les israélites ont rendu d'utiles services.

» Or, comment douter qu'avec l'intelligence qui leur est propre, l'esprit ouvert au progrès, ils ne se hâtent de se confondre avec la nation qui tient le flambeau de la civilisation, et dont le premier soin a été de les affranchir du joug sous lequel ils gémissaient ?

» L'avenir, au surplus, décidera, et, quoi qu'il arrive, le gouvernement aura fait son devoir : c'est le signe de la grande politique de tenir compte du devoir accompli plus encore que des avantages qu'on en peut retirer.

» En pareille matière, une pareille tentative, dût-elle être vaine, ne peut qu'honorer le gouvernement qui l'essaye; l'indifférence pour le bienfait n'en altère pas le caractère. (Très bien! très-bien!)

» Nous arrivons à la question qui concerne les étrangers. Le Sénat se souvient que, le sénatus-consulte les autorise, après une résidence de trois années dans la colonie, à réclamer la qualité de citoyen français.»

Le cadre restreint de notre travail ne nous permet pas de suivre les développements donnés à ce remarquable rapport. Disons cependant qu'après avoir combattu toutes les objections qui ont été faites au sénatus-consulte et énuméré les motifs qui ont déterminé les différents gouvernements qui se sont succédé en France depuis le 3 septembre 1791, époque à laquelle furent définies les conditions exigées pour devenir citoyen français, jusqu'au 11 décembre 1849, date de la promulgation de la dernière loi qui régie cette matière, M. Delangle termine par cette observation :

« Au surplus, c'est le réglement d'administration publique qui déterminera les formes dans lesquelles seront instruites les demandes à fin de naturalisation. Nous pouvons nous reposer sur la prudence du conseil d'Etat du soin de prévenir toute supercherie et d'empêcher que la naturalisation, détournée de son but, ne soit la récompense d'autres services que des services rendus à la colonie.

» Le plus grand honneur que puisse faire un grand pays à des étrangers, c'est de les recevoir dans son sein, c'est de les appeler au partage de ses droits, c'est de les autoriser à porter un nom qui seul est une protection. Ce n'est pas le gouvernement de l'Empereur qui diminuera jamais le prestige qui s'y rattache, en le prodiguant ou en le conférant à qui n'en serait pas digne.

» Telle est, messieurs, la loi soumise à vos délibérations. La commission, après une étude approfondie, a jugé qu'elle apportait à la situation actuelle une heureuse modification; qu'en ouvrant aux indigènes et aux colons des horizons nouveaux, le gouvernement accomplissait un acte de prévoyante et sage politique, et que ses patriotiques desseins méritaient du Sénat une approbation sans réserve.

» Il y a deux années, en 1863, un sénatus-consulte a fixé le sort de la propriété en Algérie. Aujourd'hui, c'est un nouveau pas. Une pierre nouvelle est apportée à l'édifice. L'état des personnes est réglé. Sujets hier, les Algériens sont Français aujourd'hui; la France les admet dans son sein; elle les invite à devenir citoyens, et à recueillir tous les avantages, tous les droits que notre grande nation réserve à ses propres enfants.

» C'est le désir de l'Empereur qu'il en soit ainsi, et cet acte dont il a pris l'initiative sera compté parmi les meilleurs de son règne. Avant de prononcer, il a voulu voir et juger par ses yeux quelles étaient les souffrances de l'Algérie; quels étaient ses besoins, quels remèdes pourraient rendre à ce corps défaillant la vie qui semblait s'épuiser.

» Il a vu, il a touché de sa main les plaies, il les a sondées, et au lieu de recourir à ces vains paliatifs dont le seul effet est de prolonger le mal, sa haute sagesse a adopté une de ses mesures énergiques et décisives dans lesquelles se complaît son génie organisateur.

» L'Algérie est transformée. L'avenir lui appartient. Ainsi, pourrions-nous dire, le soleil perce et dissipe les ténèbres; et là où régnaient la nuit et l'insalubrité, il ramène la lumière et la fécondité. (Bravo! Très-bien)

» La commission a l'honneur de proposer à l'assemblée l'adoption du sénatus-consulte, en substituant toutefois aux mots qui terminent l'art. 1er : « Il est » régi par la loi française, » ceux-ci : « Il est rég » par les lois civiles et politiques de la France. »

» La commission a pensé que la nouvelle rédaction rendait avec plus de précision et d'autorité la pensée de la loi. »

Ce rapport, dont la lecture a été écoutée avec une attention soutenue, est suivie d'un mouvement général et très-vif d'approbation.

Voici le texte de cet acte important:

« Art. 1er. L'indigène musulman est Français; néan-

» moins il continuera à être régi par la loi musul-
» mane.

» Il peut être admis à servir dans les armées de
» terre et de mer. Il peut être appelé à des fonctions
» et emplois civils en Algérie.

» Il peut, sur sa demande, être admis à jouir des
» droits de citoyen français ; dans ce cas, il est régi
» par les lois civiles et politiques de la France.

» Art. 2. L'indigène israélite est Français; néan-
» moins il continue à être régi par son statut
» personnel.

» Il peut être admis à servir dans les armées de
» terre et de mer. Il peut être appelé à des fonctions
» et emplois civils en Algérie.

» Il peut, sur sa demande, être admis à jouir des
» droits de citoyen français ; dans ce cas, il est régi
» par la loi française.

» Art. 3. L'étranger qui justifie de trois années de
résidence en Algérie peut être admis à jouir de tous
les droits de citoyen français.

» Art. 4. La qualité de citoyen français ne peut
être obtenue conformément aux articles 1, 2 et 3 du
présent sénatus-consulte, qu'à l'âge de vingt-et-un ans
accomplis; elle est conférée par décret impérial rendu
en conseil d'Etat.

» Art. 5. Un règlement d'administration publique déterminera :

» 1° Les conditions d'admission, de service et d'a-
» vancement des indigènes musulmans et des indi-
» gènes israélites dans les armées de terre et de mer;

» 2° Les fonctions et emplois civils auxquels les
» indigènes musulmans et les indigènes israélites
» peuvent être nommés en Algérie;

» 3° Les formes dans lesquelles seront instruites
» les demandes prévues par les articles 1, 2 et 3 du
» présent sénatus-consulte. »

C'est le 5 juillet 1865 que ce sénatus-consulte, dont les dispositions sont prudentes autant que libérales, fut délibéré et voté par le Sénat.

VIII

Napoléon III avait fait preuve d'une prodigieuse activité pendant son séjour en Algérie; chaque jour, après avoir visité les lieux où il se trouvait, donné des audiences, interrogé les personnes admises à sa table, consulté les mémoires imprimés ou manuscrits qui lui étaient adressés, l'Empereur prenait des notes sur les faits et les considérations qui l'avaient frappé. A son retour en France, il ne mit pas moins de promptitude à faire connaître le résultat des observations qu'il avait recueillies pendant ce voyage.

Rentré à Paris le 10 juin au soir, le 20 du même mois l'Empereur adressait à M. le maréchal de Mac-Mahon, duc de Magenta, gouverneur général de l'Algérie, une lettre imprimée à l'Imprimerie impériale, qui produisit alors une sensation tellement vive, en France et en Algérie, que Sa Majesté crut devoir en interdire momentanément la publicité; mais, dès ce moment, personne, en Algérie surtout, n'ignorait les intentions du Souverain.

Cette lettre contenait des idées nouvelles, en opposition, pour la plupart du moins, avec celles qui paraissaient en faveur depuis 1858. Or, comme tout ce qui tend à démontrer qu'on est dans une fausse voie, comme tout ce qui tend à rompre avec un passé vermoulu, le document impérial devait mécontenter ceux qui avaient compté sur le voyage de l'Empereur pour essayer de faire prévaloir les systèmes si sévèrement condamnés depuis par le chef de l'État; mais les hommes qui, encouragés par l'exemple de ce qui s'est passé en 1863, voudront encore, par une opposition sourde, par une certaine force d'inertie, lutter contre la mise à exécution des idées de l'Empereur, seront, nous l'espérons dans l'intérêt de l'Algérie, déçus dans leurs calculs.

Le gouverneur général vint à Paris pour présenter verbalement ses observations à l'Empereur, et les ministres furent appelés à discuter toutes les questions traitées dans la lettre impériale, à émettre leur avis à ce sujet et à le discuter avec la plus entière liberté.

De son côté, le chef de l'État comptait ne se prononcer d'une manière définitive, qu'après avoir recueilli les observations qu'il avait sollicitées, et pesé toutes les objections qu'il provoquait ouvertement, afin de donner une base plus solide à ses résolutions.

Ceci se passait dans le courant du mois de juillet 1865, et l'on espérait une solution pour le 15 août suivant. Mais, on le sait, Napoléon III ne met pas de précipitation dans ses décisions, surtout lorsqu'elles doivent porter sur des questions d'un ordre aussi élevé. Or, pendant que l'Empereur méditait, pendant que le gouverneur général, que les ministres, que des hauts fonctionnaires investis de la confiance du Souverain étudiaient, les bruits les plus étranges se firent jour, surtout ceux que répandaient des hommes dont les intérêts de convenance ou de position portaient à désirer le maintien d'un système désormais condamné.

On a profité de ce temps d'arrêt, de ce moment où tant de personnages considérables s'appliquaient à rechercher les meilleurs moyens de mettre en pratique les idées du Souverain, pour présenter la situation comme très-incertaine, et même sous les couleurs les plus sombres. On n'a pas craint de présenter la retraite inopinée du sous-gouverneur de l'Algérie comme une désapprobation du programme nouveau présenté par l'Empereur. Cependant toutes les personnes qui ont l'honneur de connaître ou qui ont suivi dans sa longue carrière algérienne l'honorable général Desvaux, savent que ses idées et ses convictions répondaient à celles du Souverain et qu'il avait déjà plus d'une fois témoigné sa joie de voir enfin un système complet arrêté pour le gouvernement de l'Algérie. Comme toujours on a voulu trouver des motifs plus ou moins extraordinaires à cette démission, quand on aurait pu s'arrêter au plus simple : le sérieux état de maladie du sous-gouverneur.

On a cherché, en outre, au moyen de publications exagérées, à inquiéter, à égarer l'opinion publique; on a répandu des bruits regrettables, de fausses nouvelles à propos du soulèvement des quelques milliers de cavaliers de Si-Lala ; enfin on a cru devoir recourir à tous ces moyens, et à bien d'autres encore, indignes d'être rapportés, sans doute pour essayer de saper à l'avance les vues de l'Empereur, peut-être même avec l'espoir de les dépopulariser en France et en Algérie.

La plupart des écrivains qui traitent dans les journaux les affaires de l'Algérie semblaient vouloir profiter de cet état d'incertitude pour faire adopter le point de vue exclusif de l'intérêt local, de l'intérêt algérien, et faire oublier que l'intérêt plus général et plus important de la France continentale, de toute la France, dominait la question. Pour se créer une influence sur place, pour s'ouvrir, peut-être, dans un avenir plus ou moins éloigné, les chances de représenter les intérêts algériens, soit auprès du gouvernement métropolitain avec le titre de délégué, soit au Corps législatif comme député, on a flatté les passions et les préjugés locaux; on a exagéré tous les éléments de prospérité ; on a surenchéri sur tous les bons résultats obtenus ; il fallait développer en serre chaude l'importance de la colonie naissante et y créer une opinion publique factice. Dans ces visées, les indigènes et les intérêts considérables qu'ils représentent en Algérie, tant au point de vue politique, militaire et social, qu'au point de vue agricole, commercial et économique, devenaient un élément de complication, de retard, de concurrence, que les plus impatients auraient voulu supprimer, et que les plus avisés passaient sous silence.

Cette fausse situation, si dangereuse à tous les égards, a pris naissance à la formation du ministère de l'Algérie, en 1858, lorsque, par réaction contre l'autorité militaire, on a voulu accorder aux intérêts et à l'élément civil et européen une importance qu'ils n'avaient pas alors et qu'ils n'ont pas encore aujourd'hui.

Pour déclarer plus tôt le rôle de l'armée terminé en Algérie, on proclamait tous les indigènes soumis et obéissants, on les représentait comme impatients de se ranger sous notre régime civil et préparés à recevoir nos lois. Sous l'empire de ces funestes préoccupations, on sapa le principe d'autorité aux yeux des indigènes; on désarma les administrateurs militaires vis-à-vis d'eux. C'était à qui prêcherait la désaffection et l'esprit d'opposition. Pendant qu'on ruinait ainsi le gouvernement qui avait maintenu l'ordre dans la société indigène, on écrasait la naissante colonie européenne sous une nuée d'administrateurs de toutes sortes. On semblait rêver l'introduction des constitutions civiles françaises en Algérie, par l'adoption de tous les règlements et des séries si multipliées de fonctionnaires et d'agents de tous les ordres. Aussi, dès les premiers mois de 1859, le nouveau ministre remarquait-il que l'administration des 180,000 européens de l'Algérie coûtait des sommes supérieures à celles inscrites au budget du ministère de l'intérieur du royaume de Belgique. Cette situation ne fit que se développer et s'aggraver jusqu'au moment où l'Empereur, accompagné de S. M. l'Impératrice, alla faire, ainsi que nous l'avons dit plus haut, une visite de trois jours à Alger, les 17, 18 et 19 septembre 1860.

Deux choses frappèrent vivement l'Empereur dès son débarquement : d'une part, le nombre immense de fonctionnaires et employés portant des uniformes brodés d'or et d'argent, des épées et même des grands sabres de cavalerie. En voyant défiler tout ce monde officiel, l'Empereur aurait dit: « Mais c'est un bataillon de fonctionnaires! » D'autre part, en présence des huit ou dix mille cavaliers indigènes réunis à la hâte pour la recevoir, Sa Majesté se serait écriée : « Ce n'est pas un peuple, c'est une armée! » Mais, bientôt après, dans une conférence à laquelle assistaient les trois généraux commandant les provinces, les trois préfets, le commandant supérieur de l'armée et le ministre de l'Algérie, l'Empereur aurait reconnu d'une manière saisissante l'absence complète du gouvernement au milieu des intérêts européens et indi-

gènes en conflagration, la connivence en quelque
sorte forcée de l'administration avec les intérêts européens. Un esprit aussi sagace et aussi profond que
celui de l'Empereur devina aussitôt que nous mar-
chions vers des abîmes; que nous étions à côté de la
question en Algérie; que, dans l'impatience de l'avenir, on ne tenait plus compte de la résistance des
indigènes et qu'on la rendait plus certaine et plus re-
doutable par des mesures qui irritaient les tribus, en
même temps qu'elles désarmaient l'autorité militaire,
chargée de les contenir.

Le résultat de ce voyage fut la supression du ministère de l'Algérie et la reconstitution du gouvernement général qui donnait à l'Algérie un représentant
élevé des intérêts généraux, des intérêts français, en
présence des exigences des intérêts locaux. Le gouvernement général devait être le protecteur des idées
de civilisation et de progrès, afin qu'on n'oubliât pas
en Algérie, qu'à côté des colons européens à faire
prospérer, il y avait un peuple indigène dont la conquête française devait marquer la rédemption. L'Empereur crut pouvoir s'en rapporter à la sagesse et à la
prudence des délégués de son autorité pour apporter,
sous la pression incessante du Corps législatif, des

économies dans les dépenses administratives et diminuer les frais de personnel improductifs.

Les budgets des exercices 1862, 1863 et 1864, préparés successivement sous la direction du nouveau gouvernement général, démontrèrent qu'on ne se préoccupait ni de diminuer les états-majors de fonctionnaires et d'employés civils, ni de réduire les dépenses improductives. D'autre part, la présentation d'un projet de cantonnement des tribus indigènes, l'allocation de subventions croissantes pour favoriser exclusivement les travaux européens, un projet d'élections municipales dans lequel la population indigène était traitée avec une défiance et une injustice flagrantes, prouvèrent également qu'on n'avait pas mieux compris les instructions de l'Empereur pour concilier les antagonismes et faire concourir à la fois au développement de la prospérité de l'Algérie et l'élément européen et l'élément indigène.

Personne en France n'est en droit de reprocher à Napoléon III d'apporter de la précipitation dans ses résolutions. L'Empereur examine longtemps, réfléchit, médite et n'adopte les solutions nouvelles qu'après les avoir mûries. C'est ce qui arriva pour l'Algérie : l'Empereur savait, voyait que ses intentions n'avaient pas été comprises, n'étaient pas suivies. Cependant, en présence des contradictions d'opinions qui se révèlaient autour de lui, aussi bien au ministère de la guerre qu'en Algérie, il suspendit une intervention plus directe de sa part dans la question algérienne ; il étudiait encore. Tantôt, il écrivait au duc de Malakoff :

« Pourquoi cette préoccupation exclusive d'attirer » des immigrants en Algérie, au lieu d'utiliser les bras » des trois millions d'indigènes qui sont sur les lieux, » acclimatés, faciles à nourrir, se contentant de sa- » laires moins élevés? Je ne veux pas faire de l'Al- » gérie le dépôt de mendicité de l'Europe. »

Tantôt il écrivait sa belle lettre du 6 février 1863, qui ouvrait de nouveaux horizons politiques et économiques.

Les habitudes prises furent plus fortes que la raison ; le personnel était si profondément gangrené par les doctrines erronées, que les avertissements de l'Empereur ne furent pas écoutés, ou qu'on exécuta les choses nouvelles de manière à en perdre tout le bénéfice moral.

Le sénatus-consulte du 22 avril 1863, sur la propriété arabe, vint planter une borne sur la voie nouvelle indiquée par l'Empereur ; mais, jusqu'à un certain point, la situation fut encore plus forte, car les faits ne furent pas influencés comme ils auraient pu l'être par cette grande mesure.

Cependant l'Empereur continuait son enquête.

En dehors des documents officiels, il recherchait les occasions d'interroger toutes les personnes qui pouvaient lui porter un témoignage éclairé sur l'Algérie. Ses investigations sur toute la question algérienne : situation et gouvernement des indigènes, conditions économiques de la colonisation, emploi et répartition des forces militaires chargées de maintenir notre domination, duraient depuis cinq années, lorsqu'il résolut d'aller examiner par lui-même le véritable état des choses, et recueillir sur place les derniers renseignements pour asseoir son opinion définitive.

Nous reprochions il y a un instant aux publicistes algériens de ne pas assez se préoccuper de l'intérêt français, de l'intérêt national et général engagé dans la question algérienne. L'annonce d'un projet de voyage de l'Empereur en l'Algérie devait mettre en opposition l'intérêt que la France avait à conserver le Souverain dans sa capitale au moment où la politique du monde entier, et plus spécialement la politique européenne offrait tant de points sombres et menaçants. La situation intérieure, sans être inquiétante, semblait exiger aussi qu'on ne s'en rapportât pas aux soins d'une régence confiée à l'Impératrice pour surmonter les difficultés que la mise à exécution de la loi sur les coalitions ne manquerait pas de soulever. Au point de vue algérien, le ministre de la guerre, bien connu par sa sollicitude pour l'Algérie et par les sympathies qu'il y a laissées, passait pour un des plus chaleureux adversaires du voyage de l'Empereur. Il craignait, disait-on, que l'Empereur, arrivant au milieu des tribus, lorsqu'elles venaient d'être agitées par une insurrection des plus graves, ne pût voir le pays dans des conditions favorables. Européens et indigènes avaient également souffert pendant cette crise, et il pouvait se faire que leurs sentiments et leurs dispositions se ressentissent de ces circonstances spéciales. Alors l'Empereur ne verrait pas l'Algérie telle qu'il devait la voir pour comprendre son passé et fonder des espérances légitimes sur son avenir.

Les deux séries d'objections furent écartées.

En faisant l'essai d'une régence un peu longue de l'Impératrice, peut-être Napoléon III voulait-il pressentir ce qu'il pouvait espérer au cas où certaines éventualités viendraient à se produire, et préparer la France à connaître et à aimer la haute intelligence et le noble cœur de la mère du Prince Impérial. Peut-être aussi était-il bon de montrer que le gouvernement puisait sa force, non-seulement dans le génie de son Souverain, mais encore dans la solidité et dans la sagesse des institutions impériales.

Quant au point de vue algérien, il était d'un grand intérêt politique que l'Empereur se fît voir aux indigènes au lendemain de cette insurrection qui avait remué et excité toutes les passions. Il pouvait calmer les esprits, raffermir la fidélité des bons serviteurs en confirmant les promesses faites, en les complétant par quelques mesures de conciliation et de bienveillance.

L'ère nouvelle devait avoir une date bien plus significative et bien plus éclatante.

L'Empereur a du reste clairement indiqué le but de son dernier voyage par les paroles suivantes : « La » France possède l'Algérie depuis trente-cinq ans : il » faut que cette conquête devienne désormais pour » elle un accroissement de force, et non une cause » d'affaiblissement. Pour qu'il en soit ainsi, l'apaise-» ment des rivalités et l'accord des intérêts qui s'agi-

» tent sur cette terre d'Afrique sont indispensables. »

La pensée impériale se développe plus nettement encore dans le passage suivant :

« Deux opinions contraires, également absolues,
» et par cela même erronées, se font la guerre en
» Algérie. L'une prétend que l'expansion de la colo-
» nisation ne peut avoir lieu qu'au détriment des
» indigènes; l'autre que l'on ne peut sauvegarder
» les intérêts des indigènes qu'en entravant la coloni-
» sation. Réconcilier les colons et les Arabes, en
» ramenant les uns et les autres dans la voie tracée
» par ma lettre du 6 février 1863, prouver par les
» faits que les derniers ne doivent pas être dépouillés
» au profit des premiers, et que les deux éléments
» ont besoin de se prêter un concours réciproque,
» telle est la marche à suivre : les Européens doivent
» servir de guides et d'initiateurs aux indigènes pour
» répandre chez eux les idées de morale et de justice,
» leur apprendre à écouler ou transformer les pro-
» duits, réunir les capitaux, étendre le commerce,
» exploiter les forêts et les mines, opérer des dessé-
» chements, faire les grands travaux d'irrigation,
» introduire les cultures perfectionnées, etc. Les
» indigènes doivent seconder l'établissement des

» Européens, afin de trouver chez eux l'emploi de
» leur main-d'œuvre, le placement de leurs récoltes,
» de leurs bestiaux, etc. »

Tel est le magnifique programme tracé par l'Empereur comme résumé des observations qu'il a faites
pendant son voyage, programme que le chef de
l'État a indiqué dans la lettre à S. Exc. M. le maréchal de Mac-Mahon, le 20 juin dernier, et que toute
l'Algérie, nous le répétons, connaissait depuis cette
époque.

Il est à peine croyable qu'après l'exposé si net et si
précis de ses intentions bienveillantes pour l'Algérie,
cestains colons, ceux surtout qui résident dans les
villes et qui avaient manifesté tant d'enthousiasme en
présence de Sa Majesté, aient tout à coup perdu confiance dans la parole impériale et se soient laissé
aller au plus morne désespoir. On dirait, qu'obéissant
aux objurgations de quelques individus devenus les
meneurs bien connus de l'agitation, tous les préjugés,
toutes les préventions se sont levées à la fois dans les
esprits, pour obscurcir l'intelligence et faire inter-
prêter avec une défiance malveillante les paroles, les
actes et les intentions mêmes de l'Empereur. On
semble ne pas vouloir tenir compte de ce qu'il fait pour

atténuer l'antipathie des indigènes contre nous, pour concilier l'intérêt des colons avec celui des premiers occupants du pays; on lui en veut de ses efforts pour introduire les capitaux français en Algérie; on lui en veut de ses projets pour réduire l'armée sans compromettre la sécurité de la colonisation et de manière à diminuer l'antipathie des éplucheurs du budget contre l'Algérie. On le déclare arabophile parce qu'il ne veut pas sacrifier tous les intérêts indigènes aux utopies de quelques rêveurs; on l'accuse de livrer l'Algérie à la féodalité financière parce qu'il veut l'arracher aux griffes de l'usure; on crie qu'il veut l'abandon du Sud parce qu'il recherche un mode d'occupation moins onéreux pour ces contrées à jamais acquises à la France.

En vérité, si l'on ne connaissait les souffrances nombreuses imposées à la population coloniale par l'absence de crédit, l'abstention des capitaux, les mauvaises récoltes successives, les rigueurs d'un climat qui fait payer cher chaque progrès, ce serait à croire que les ardeurs du soleil exercent la plus fâcheuse influence sur ces imaginations surexcitées. On a trop exalté le sentiment individuel au détriment du sentiment patriotique. On oublie que la France est pour nous Français le grand tout, dont l'Algérie n'est encore qu'une des parties à assimiler de plus en plus à la mère-patrie.

D'après la lettre impériale, le plan de réorganisation de l'Algérie combiné par Sa Majesté est bien simple et peut se résumer en peu de mots:

1° L'Empereur veut qu'on traite les indigènes avec justice et bienveillance, mais sans se départir de la fermeté pour le maintien absolu de la domination de la France. Il veut donner des garanties à ces malheureuses populations vouées à l'oppression depuis des siècles, en les organisant en communes, en les initiant à notre civilisation, en les appelant à gérer elles-mêmes ceux de leurs intérêts qui ne touchent pas à la politique. L'Empereur croit qu'on peut demander le service militaire aux indigènes algériens que le sénatus-consulte du 5 juillet dernier a déclarés Français; nous recueillerons de ce côté des compensations pour les sommes énormes que l'Algérie coûte encore à la France. De plus, une partie de l'armée nationale ne se trouvera plus paralysée lorsque la France sera appelée à montrer ses soldats à l'Europe.

2° Au point de vue de la colonisation, il veut

qu'elle concentre ses efforts dans une zone détermi-
née, afin qu'elle puisse être facilement protégée
contre les agitations qui surviendraient dans les
tribus, et afin que l'État puisse la doter de tous les
travaux d'utilité publique indispensables au développement de sa prospérité. Cette zone est assez vaste
pour que la liberté et l'initiative individuelles puissent
se mouvoir avec aisance et sans entraves, elle comprend la totalité de nos établissements agricoles
situés dans le Tell; les meilleures terres, les localités
les plus favorables pour les entreprises industrielles
et agricoles des Européens sont situées dans cette
zone. Là, les institutions civiles et la satisfaction des
besoins généraux d'une population civilisée seront
l'objet de la sollicitude du gouvernement : justices de
paix pour régler les litiges; conseils municipaux
électifs pour gérer les affaires des communes; écoles,
assistance publique, établissements de crédit, tout
concourra à attirer la population dans cette zone. La
liberté commerciale, les ports francs, la simplification
et l'économie des rouages administratifs contribue-
ront à donner un essor fécond à la colonisation.

3° Le troisième point du programme impérial est relatif à l'emploi et à la répartition de l'armée en Algérie,

de manière à diminuer les charges de l'occupation sans compromettre non-seulement la sécurité des colons, mais encore l'honneur de notre domination politique. Rapprocher nos centres militaires de la ligne de postes qui sépare le Tell du Sahara, afin que les troupes soient plus près du théâtre où elles sont appelées à agir; utiliser les forces auxiliaires indigènes pour l'occupation du Sud, de manière à ménager la santé des soldats métropolitains et à réduire les frais considérables qu'entraîne aujourd'hui le ravitaillement de nos postes du Sud. Telles sont, sur ce troisième point, les intentions de l'Empereur; et à l'appui de son opinion, l'auguste écrivain cite des instructions données dans ce sens, le 8 mai 1846, par l'illustre maréchal Bugeaud (1). Mais il ne faut pas perdre de vue, en face de ces projets, que tous les indigènes de l'Algérie sont Français, qu'ils n'ont pas d'autre drapeau que celui de la France et que toute la question est de remplacer le soldat français par un soldat indigène, et l'administrateu militaire par un administrateur appartenant à la localité.

(1) *Lettre de l'Empereur au maréchal de Mac-Mahon*, pages 58 et suivantes.

L'empereur recommande de faire des efforts simultanément dans ces trois directions qui ne sont que les parties d'un même tout. L'Algérie, a-t-il dit, est, *à la fois*, un royaume arabe, une colonie européenne et un camp français. Il ne s'agit pas plus de sacrifier l'état arabe et la colonie au camp militaire, que d'édifier l'établissement européen sur les ruines de la société arabe, ou de faire reculer la colonisation devant le royaume arabe. Tous les hommes de bonne foi ont compris qu'ici, le *royaume arabe* est une expression de géographie et non l'indication d'une tendance politique. Conciliation des intérêts et des forces du royaume arabe, de la colonie européenne et du camp français, tel est le dernier mot du programme impérial.

IX

L'Empereur insiste sur la nécessité de simplifier les rouages administratifs et sur l'utilité qu'il y aurait à émanciper les communes algériennes. Sa Majesté indique même la suppression de quelques sous-préfectures et commissariats civils comme l'un des moyens les plus propres à atteindre ce but; cependant, le projet de budget pour 1867 propose des crédits pour *dix* sous-préfectures et *quinze* commissariats civils, et l'Algérie ne compte encore que soixante-onze communes constituées !

Depuis quelque temps, on parle beaucoup de décentralisation administrative ; mais l'Algérie, plus encore

12

que la métropole, réclame cette décentralisation, car on y administre trop et on n'y gouverne pas assez. Alger écrase les provinces. L'une des mesures les plus efflaces et par lesquelles on pourrait commencer cette décentralisation, serait la suppression immédiate des sous-préfectures Sétif, de Guelma, de Médéah, de Milianah, de Mascara, de Philippeville et de Tlemcen; les commissariats civils de Bathna, de Souk-Ahras, de Djidjelly, de Dellys, d'Aumale, de Marengo, de Cherchell, de Tenès, de Saint-Denis-du-Sig, de Sidi-bel-Abbès, de Nemours, d'Aïn-Temouchent, peuvent aussi être supprimés. On ferait de Tlemcen le centre d'un simple commissariat civil. On ne conserverait, à titre provisoire, que les sous-préfectures de Bône, de Blidah, de Montaganem et les commissariats civils de La Calle, d'Orléansville et de Tlemcen.

Nous n'ignorons pas que cette mesure, bien qu'appliquée avec sagesse et progressivement, laisserait sans emplois un certain nombre de fonctionnaires recommandables ; mais on pourrait leur conserver le traitement entier jusqu'à ce qu'on trouvât à les caser, soit dans la métropole, soit en Algérie. Les mesures appliquées par le département de la guerre pour la réduction des cadres de l'armée doivent encourager le gouverneur général à marcher résolûment dans la voie des réformes. Là aussi, il y avait des positions respectables à ménager, des services d'un caractère sacré à ne pas méconnaître; l'intérêt public a parlé et tout le monde s'est soumis avec résignation. Il ne faut pas perdre de vue, d'un autre côté, que ces suppressions auraient l'immense avantage de mettre les maires en rapport direct avec les préfets, et il nous paraît incontestable que l'expédition des affaires y gagnerait beaucoup, puisqu'elles ne passeraient plus par les bureaux des sous-préfectures, et là où il y a des commissariats civils, par les bureaux de ces derniers, avant d'arriver dans ceux des sous-préfectures.

Il y aurait par conséquent deux échelons de moins à franchir, et les rapports directs entre les préfets et les maires accéléreraient les affaires, à la grande satisfaction des colons. Ceux-ci attendent souvent pendant trois ou quatre mois des décisions qui pourraient être rendues en moins de quinze jours, si les dossiers ne séjournaient pas pendant un temps plus ou moins long dans les bureaux des sous-préfectures et des commissariats civils.

Le travail et la correspondance des maires ne seraient pas augmentés, puisque, au lieu d'écrire aux

sous-préfets ou aux commissaires civils, ils adresse-
raient leurs dépêches directement aux préfets. D'ailleurs, s'il y avait pour les maires un peu d'augmen-
tation de travail, ce que nous n'admettons pas, on
pourrait répartir dans les bureaux des mairies les
plus importantes les employés des sous-préfectures
et des commissariats civils supprimés.

Quant aux sous-préfets et aux commissaires civils,
ils sont, pour la plupart, depuis longtemps en Algérie, et beaucoup d'entre-eux ont droit à la retraite
ou sont sur le point d'y atteindre. Mais ceux qui ont
encore un certain nombre d'années de services à faire
pourraient, au fur et à mesure des suppressions indiquées par la *Lettre impériale*, être nommés maires
dans les grandes villes et conserver leur traitement
qui, dans le budget, figurerait à la place des indemnités actuellement accordées aux maires des villes et
des grands centres.

Ainsi, cette mesure produirait une réduction assez
considérable de dépenses, et elle aurait surtout pour
résultat une plus prompte expédition des affaires.

Si la colonisation est languissante, si les affaires
les plus simples attendent une solution pendant des
années entières, cela tient incontestablement à la

complication des rouages administratifs et non à une autre cause, ou du moins c'est là la principale.

Ainsi, une affaire qui n'est appelée à recevoir une solution qu'après avoir été soumise à l'examen du Conseil d'Etat et approuvée par lui, doit suivre la marche que nous allons indiquer.

Elle est envoyée par le maire de la commune intéressée au commissaire civil ;

Le commissaire civil la transmet avec son avis au sous-préfet ;

Le sous-préfet l'adresse, avec ou sans son avis, au préfet ;

Le préfet la fait parvenir, en formulant son opinion, au général commandant la province ;

Le général commandant la province en saisit le gouverneur général.

Mais là se présentent des ricochets d'un ordre particulier. Le gouverneur général transmet le dossier au sous-gouverneur qui l'expédie au secrétariat général du gouvernement.

L'examen du secrétariat aboutit au renvoi au conseil du gouvernement, après avoir pris les ordres du sous-gouverneur et du gouverneur général.

Le conseil du gouvernement ne se réunit que tous

les huit jours pour entendre le rapport des conseillers chargés de ce soin.

Lorsque l'affaire a été l'objet d'une délibération, le
Conseil n'arrête définitement la rédaction de son avis
qu'à la séance suivante. Son secrétaire l'expédie quelques jours après au secrétaire général du gouvernement, qui prend directement ou prescrit les mesures
nécessaires pour donner suite.

Si tout s'est passé régulièrement, le gouverneur
général expédie le dossier au ministre de la guerre.

Le ministre de la guerre le dirige sur le service de
l'Algérie établi près de son département, et celui-ci
prépare l'envoi au Conseil d'État.

Puis, quand le Conseil d'État a statué, le dossier
est renvoyé au ministre de la guerre qui fait préparer
le décret, s'il y a lieu, et le soumet à la signature de
l'Empereur.

Enfin, lorsque le chef de l'État a signé, le dossier
retourne à son point de départ en suivant la marche
inverse.

Telle est la voie que suivent les affaires en Algérie quand toutes les pièces sont régulières ; mais si
l'un des fonctionnaires par les mains desquels passe
le dossier croit devoir demander un complément d'ins-

truction ou quelques renseignements propres à éclairer son opinion, le dossier est renvoyé au maire par la filière administrative que nous venons d'indiquer

Il est dès lors facile de se rendre compte pourquoi la solution d'une question peut se faire attendre pendant un an, dix-huit mois, deux ans et même davantage, si le dossier reste une ou deux semaines, et quelquefois plus longtemps, dans les bureaux de chacun des fonctionnaires qui sont appelés à l'examiner et à formuler un avis.

Quant au Conseil du gouvernement, il a rendu de grands services, cela est incontestable, et il est appelé à en rendre encore; mais il faudrait, pour qu'il en fût ainsi, qu'il cessât d'être, pour les affaires départementales, une complication, un rouage gênant, inutile, et qu'il fut appelé, à cet égard, à résoudre une foule de questions qui vont chercher une solution au Conseil d'État. Les autres travaux du conseil du gouvernement se rattacheraient à l'examen de toutes les questions d'intérêt général.

Pour donner plus d'autorité aux délibérations de ce Conseil, il serait peut-être opportun d'y faire entrer deux auditeurs au Conseil d'État, comme l'indique la *Lettre impériale*. Cette mesure aurait l'avantage d'introduire en Algérie l'esprit et les traditions de l'administration métropolitaine, qu'on perd trop souvent de vue dans la préoccupation des intérêts algériens. Elle aurait un autre résultat utile, en renvoyant au Conseil d'État des maîtres des requètes initiés aux affaires de l'Algérie. L'introduction des auditeurs au Conseil d'État dans le Conseil du gouvernement assurera l'indépendance et l'impartialité des délibérations. Actuellement, la part faite aux chefs des services civiles est trop considérable. Les intérêts indigènes, les intérêts du gouvernement, ne sont pas suffisamment représentés ; aussi il arrive très-souvent que les affaires concernant le commandement et l'administration des tribus sont traitées à un point de vue étroit et routinier.

C'est l'indifférence et quelquefois même la partialité des fonctionnaires civils à l'endroit des intérêts indigènes qui a forcé l'Empereur à constituer l'unité des pouvoirs entre les mains du général commandant la province ; c'était le seul moyen de ne pas séparer l'intérêt européen de l'intérêt indigène, car il n'y a pas, il ne peut pas y avoir deux Algéries, l'une civile, l'autre indigène. De longtemps encore, nos intérêts politiques domineront les intérêts administratifs.

Mais, d'un autre côté, l'Empereur entend donner aux populations de la zone de colonisation toutes les institutions civiles que comporte la situation politique du pays, ainsi que nous l'avons déjà indiqué sommairement : juges de paix, élections municipales, émancipation de la commune, liberté des cultes, instruction publique développée, liberté absolue pour toute espèce de transaction. Cette zône jouira en outre de tous les avantages que lui procureront les grands travaux que doit bientôt entreprendre la société générale algérienne.

L'idée de déclarer la franchise de tous les ports de l'Algérie nous parait devoir donner des proportions considérables au développement de la colonisation et des affaires commerciales. Toutefois, il convienndrait peut-être de prendre des précautions pour empêcher l'introduction en fraude, dans les ports de la métropole, des produits étrangers qu'à la suite de cette mesure radicale les anglais répandraient certainement en grande quantité en Algérie, où ils feraient momentanément une concurrence sérieuse aux produits français ou indigènes ; mais comme leur introduction dans la colonie stimulerait certainement les producteurs algériens, cette mesure, en définitive, tournerait dans un temps peu éloigné au profit des populations locales et de nos possessions elles-mêmes.

Nous souhaiterions également qu'on donnât des encouragements généraux, et non des encouragements individuels, à l'agriculture, à l'élève des races chevaline, bovine et ovine ; que les concours régionaux fussent multpliés ; que l'instruction fut obligatoire dans toutes les communes organisées, et qu'il fut accordé plus de liberté à la presse locale, afin que toutes les opinions fussent représentées.

X.

La *Lettre impériale* fait aussi ressortir avec une haute raison les inconvénients de confier la direction des bureaux arabes à de jeunes lieutenants ou sous-lieutenants, et de les laisser agir en dehors de l'action des commandants de subdivisions ou de cercles. Les fonctions délicates de chef de bureau arabe ne devraient pas, en effet, être données à des officiers d'un grade inférieur à celui de capitaine, et il conviendrait surtout de leur prescrire de ne pas peser d'une manière abusive sur les populations indigènes, même pour un but de progrès.

En faisant plus de politique et moins d'administration, ils seront mieux informés de ce qui se passe dans les tribus. L'administration incomberait dès lors aux chefs indigènes, qui reprendraient sans danger réel leur ancienne influence sur leurs co-religionnaires et pourraient être déclarés responsables vis-à-vis du gouvernement de la tranquillité du pays.

En replaçant les contrées du Sud sous l'autorité des chefs arabes. on les rattacherait à notre cause. On rendrait à ces populations l'assiette de leur existence qu'elles ont perdue, car il est anormal de vouloir administrer des tribus nomades qui ne cultivent pas, qui vivent dans des conditions tout à fait exceptionnelles de climat, aux mêmes règles que les populations sédentaires du Tell. Là aussi c'est une décentralisation intelligente à opérer à notre profit et au profit des gens du Sahara.

En rendant aux chefs arabes la considération à laquelle ils étaient habitués, ils tiendraient à honneur d'excercer leur autorité avec justice et équité. Au lieu de nous les aliéner par les tracasseries qu'on leur fait trop souvent subir en s'ingérant dans des intérêts d'un ordre très-secondaire, nous pourrions compter sur leur attachement, et il serait possible, comme nous venons de le dire, des les rendre responsables des crimes et délits qui se commettraient sur les territoires soumis à leur autorité.

La surveillance efficace du Sud sera d'ailleurs rendue très-facile par la formation des colonnes mobiles qui parcourront le pays dans le triple but d'assurer le payement des contributions, de maintenir la tranquillité et d'exercer un contrôle supérieur sur l'administration des chefs arabes (1).

Mais il faudrait, pour arriver à de tels résultats, que les chefs des bureaux arabes fussent bien pénétrés de leur mission politique et conciliatrice tout à la fois ; il faudrait qu'ils connussent bien les chefs indigènes avec lesquels ils auraient incessamment des rapports, et qu'ils obtinssent leur avancement sur place jusqu'au grade de lieutenant-colonel, afin de ne pas amener de fréquents changements dans ces postes, et de rassurer les Arabes, de gagner leur confiance en les laissant le plus long temps possible en relations avec des officiers connus d'eux.

Au lieu de détacher trois ou quatre cents spahis auprès des bureaux arabes repartis sur toute la surface de l'Algérie, il serait mieux, peut-être, de former

---

(1). *Lettre de l'Empereur au maréchal de Mac-Mahon*, pages 70 et suivantes.

un escadron de gendarmes maures divisés par brigades de dix à douze hommes commandés par un
maréchal-des-logis et deux brigadiers. Ces gendarmes
maures seraient d'excellents auxiliaires pour la surveillance et la police des tribus placées dans la zone
de colonisation, où l'on compte certainement plus d'un
demi-million d'indigènes, tandis qu'il y a à peine
deux cent mille Européens. On peut d'ailleurs juger
les services que les gendarmes maures seraient appelés à rendre par ceux qu'ils ont rendus sous l'illustre
maréchal Bugeaud, alors qu'ils étaient commandés
par un chef d'escadron distingué, M. d'Allonville,
aujourd'hui général de division.

L'antagonisme qui n'a cessé d'exister entre le Gou-
verneur-général et le ministre de la guerre avait alors
atteint son paroxisme, et malgré l'incontestable utilité qu'il y avait à conserver ce corps, utilité péremp-
toirement démontrée par le maréchal Bugeaud; malgré
les services que rendaient chaque jour ces cavaliers
indigènes, si précieux pour la police des tribus, on
mit en avant la question d'économie, et on les supprima.

Mais leur rétablissement pourrait se faire sans
accroissement de dépenses, en réduisant l'effectif

des régiments de spahis d'autant de calvaiers qu'il en faudrait pour réorganiser l'escadron de gendarmes maures.

Les spahis reprendraient alors leur organisation militaire primitive, et rendraient les mêmes services que par le passé. Toutefois, il faudrait pour cela détruire les smalas, comme l'indique la *Lettre impériale* en citant (page 79) les réflexions pleines de sens d'un offiéier général de l'armée d'Afrique. Il est d'ailleurs parfaitement démontré actuellement que les smalas sapent l'organisation militaire des régiments de spahis, qu'elles sont préjudiciables à la hiérarchie et à la discipline, qu'elles peuvent produire des désordres dans la comptabilité de ces corps, qu'elles découragent de bons et braves officiers qui se voient relégués dans les postes situés loin des centres, voués à l'inactivité la plus complète, et tout cela sans obtenir le résultat sur lequel on comptait : former des agriculteurs indigènes.

Les garnisons des spahis, et même de la cavalerie française (chasseurs d'Afrique, hussards, etc.), paraissent indiquées, sauf pour quelques escadrons qui resteraient à Alger et à Oran, pour le service d'ordonnance ou d'escorte du gouverneur général, du sous-gouverneur et des généraux de division.

Souk-Ahras, Constantine, Sétif, Bou-Arréridj,
Aumale, Médéah, Milianah, Orléansville, Ammi-
Moussa, Mascara, Sidi-Bel-Abbès et Tlemcen sont
les places les plus propres à recevoir les garnisons de
cavalerie. Ces villes se trouvent toutes dans des plaines
ou dans des pays de cultures, ce qui permettrait d'y
nourrir la cavalerie avec les produits du sol, et par
conséquent avec économie, puisqu'il n'y aurait pas à
ajouter au prix d'achat des fourrages, de l'orge, etc.,
les frais de transports si onéreux en Algérie; outre
cette première économie, économie réelle pour le
trésor, la cavalerie se trouverait en position de se
porter promptement, et au premier signal, sur les
points menacés.

Toute la cavalerie, ainsi placée sur la lisière du
Tell, serait toujours en mesure de faire des démonstrations sérieuses vis-à-vis des indigènes, et elle
seconderait utilement les mouvements des colonnes
mobiles montées dont l'Empereur préconise l'emploi
pour l'avenir, ainsi que nous venons de le rappeler.

Si, après ou pendant l'accomplissement de toutes
ces mesures, on supprime les bureaux arabes civils
et cette partie du personnel administratif qui fut
toujours hostile à toute idée de progrès, qui ne fera

jamais le sacrifice de ses préjugés, de ses antipathies contre les Arabes, de ses tendances à dominer, à molester les intérêts privés ; si après cela on exécute loyalement et sans les exagérer les prescriptions de la *Lettre impériale*, l'Algérie entrera dans une ère nouvelle, ère de prospérité que viendront féconder les quelques centaines de millions que doit dépenser en six ans la Société générale algérienne en exécutant les grands travaux indiqués par l'Empereur : routes, ports, barrages, canaux, dessèchements de marais, forage de puits artésiens, reboisement des montagnes, et « réintégration dans les zones de colonisation des Européens qui végètent loin des côtes (1). »

Une chose à laquelle on devait s'attendre, c'est que la poputation algérienne, après avoir été un instant égarée par des publications exagérées, passionnées même, commence à se rendre à l'évidence et à approuver le programme impérial. Nous nous éloignons heureusement du temps où, à l'instigation de certains fonctionnaires algériens, la population signait des pétitions au Sénat contre la lettre de Sa Majesté au duc de Malakoff.

---

(1) *Lettre de l'Empereur au maréchal de Mac-Mahon*, page 54.

On entre donc dans une bonne voie, mais y persis-
tera-t-on? Le concours de toutes les autorités en
Algérie est-il franchement acquis au programme
impérial? Nous le souhaitons, sans l'espérer. Sa
mise à exécution ne rencontrera-t-elle pas une opposition systématique, une résistance sourde, un mauvais vouloir qu'on dissimulera sans doute, parce qu'on
n'osera pas combattre ouvertement les idées du
Souverain? Ce ne sont pas là des appréhensions chimé-
riques, car on a vu plus d'une fois ces menées sou-
terraines paralyser les bonnes intentions du chef de
l'État. En sera-t-il de même pour les excellents effets
qu'on est fondé à attendre du système qu'il a l'intention d'appliquer à l'Algérie.

La *Lettre impériale* est la critique la plus complète,
la condamnation la mieux motivée de l'administration
algérienne pendant les quinze dernières années;
mais cette critique et cette condamnation sont repous-
sées avec aigreur, parait-il, par ceux à qui elles
sont adressées, et nous croyons qu'elles ne suffiront
pas pour modifier les errements suivis jusqu'ici. A
un certain point de vue, ces convictions indomptables
peuvent-être estimables; mais lorsqu'il s'agit d'un
intérêt aussi grave, on ne doit pas hésiter à éloigner

les agens que leur conscience ou leur mauvais vouloir rend hostiles aux réformes proposées.

Nos craintes à ce sujet ne sont certes pas sans fondement, surtout lorsque nous voyons qu'on laisse échapper les occasion de montrer que l'on veut entrer franchement dans les vues du souverain. Ainsi, une place de conseiller rapporteur au Conseil du gouvernement est devenue vacante tout récemment par la mise à la retraite du titulaire. Au lieu de la confier à un auditeur au Conseil d'État, comme l'indique l'Empereur dans sa *Lettre sur la politique de la France en Algérie* (1), c'est un fonctionnaire algérien qui a été appelé à l'occuper. Nous ingnorons si Sa Majesté a modifié son programme à cet égard, mais si cet important document exprime encore toute la pensée impériale, M. le maréchal Randon, nous le disons avec un profond sentiment de regret, a perdu là une belle occasion de s'y associer et de donner ainsi à tous ses subordonnés de France et d'Algérie

(1) Page 55 : « 14. Désigner des auditeurs au Conseil d'État pour les » attacher au Conseil du Gouvernement. Les auditeurs, après cinq années » passées à Alger, auraient la faculté de rentrer au Conseil d'État comme » maître des requêtes. »

nn exemple éclatant de sa déférence aux vœux exprimés publiquement par le Chef de l'État.

Si nous sommes bien informé, il y aurait eu déjà des tentatives pour entraver la mise à exécution du programme impérial en exagérant ses dispositions les plus simples. D'un autre côté, on dit que les Arabes, se sentant l'objet d'une haute protection, deviennent intraitables et se croient tout permis.

Ces exagérations font vivement désirér à ceux qui sont sincèrement dévoués à l'Empereur, au pays (et pour nous le pays c'est aussi bien l'Algérie que la métropole), toutes ces exagérations, disons-nous, nous font exprimer le désir de voir placer la direction des affaires de l'Algérie dans les mains d'un homme jeune, sans système à lui, entièremeut dévoué au Souverain, assez éclairé pour s'identifier à ses idées, et d'un caractère assez énergique pour briser toutes les résistances, ostensibles ou occultes, qu'il rencontrerait.

On pourrait d'ailleurs simplifier la situation en rendant aux différents ministères tous les services, sans exception aucune, qui ressortissent à ces administrations, et former ensuite, soit au cabinet de l'Empereur, soit au ministère d'État, une direction qui aurait

dans ses attributions la politique générale ; la haute
administration, le gouvernement des indigènes, l'assiette de l'impôt arabe et de l'impôt à établir sur toutes
les terres ; en un mot, centraliser dans cette direction
tout ce qui se rattache à l'exécution complète du programme impérial et placer à sa tête un homme jeune,
ayant entrée au Conseil d'État et travaillant directement avec l'Empereur.

En résumé, des principes nouveaux sont proposés
par le chef de l'État : il faut pour assurer leur succès
des hommes nouveaux, dégagés de tous liens avec le
passé, et dont l'amour-propre soit désintéressé vis-à-
vis des changements à opérer en Algérie pour aider
au développement de la colonisation, du commerce et
de toutes les richesses de ce beau pays.

Paris. — Imprimerie de L. Guérin, rue du Petit-Carreau, 26.

www.ingramcontent.com/pod-product-compliance
Lightning Source LLC
Chambersburg PA
CBHW072225270326
41930CB00010B/1993